Y2 39240

Paris
1829

Goethe, Johann Wolfgnag von

Wilhelm Meister

Tome 4

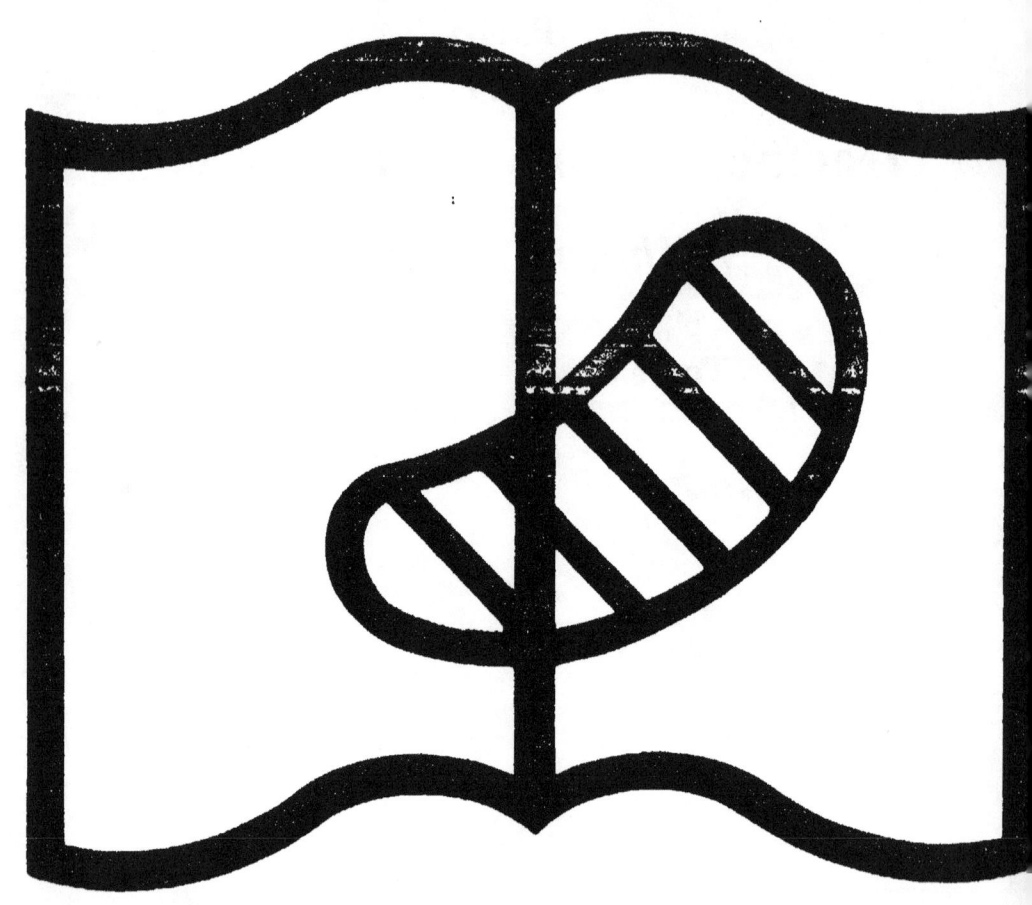

Symbole applicable
pour tout, ou partie
des documents microfilmés

Original illisible

NF Z 43-120-10

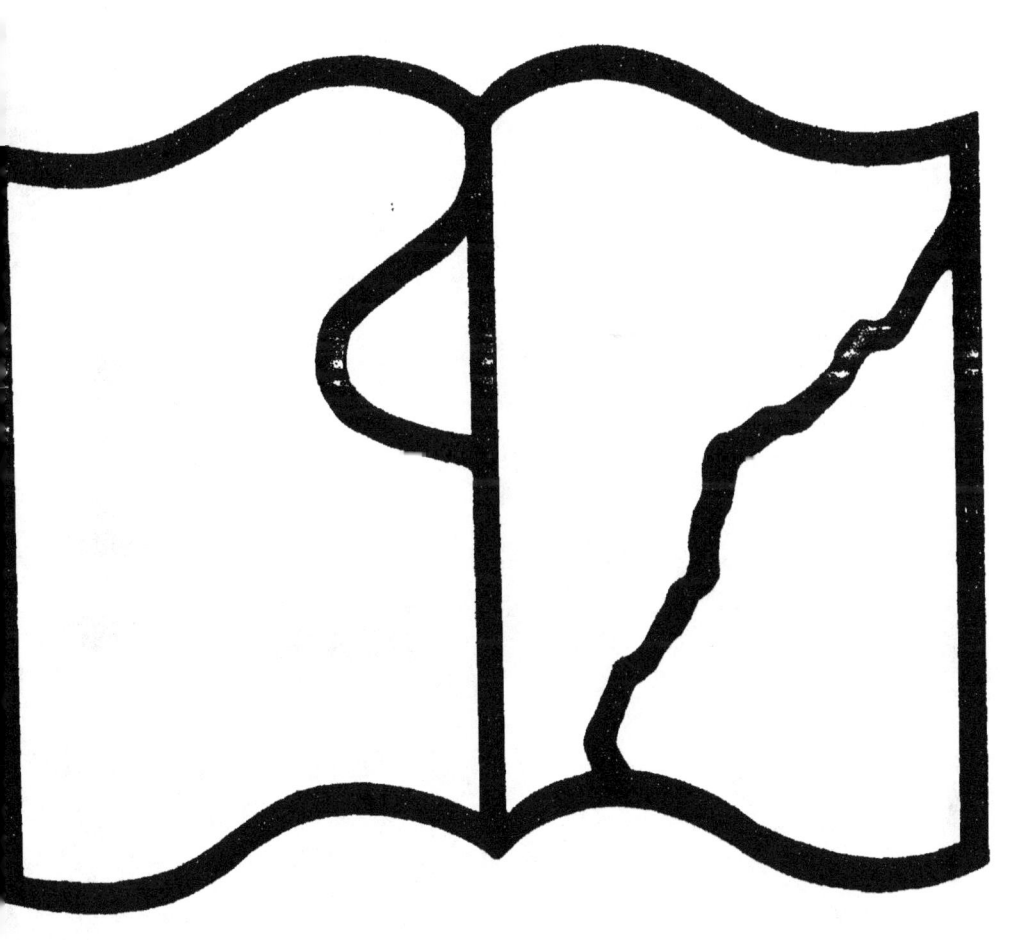

Symbole applicable
pour tout, ou partie
des documents microfilmés

Texte détérioré — reliure défectueuse

NF Z 43-120-11

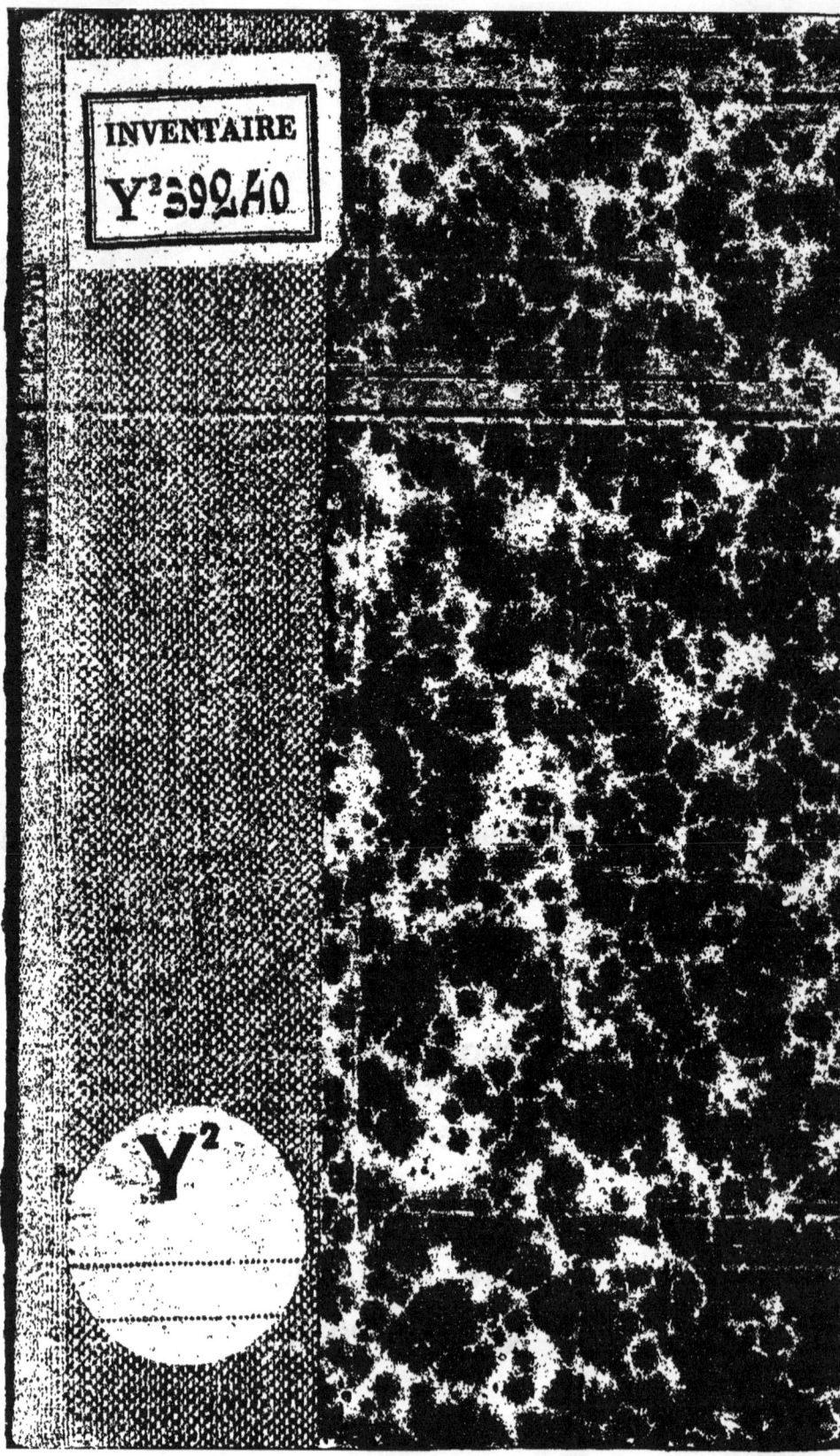

R. COLLINET VERSAILLES

Wilhelm Meister,

PAR GOETHE,

TRADUIT DE L'ALLEMAND

Par Théodore Toussenel.

TOME QUATRIÈME.

PARIS,
JULES LEFÈBVRE ET C.ⁱᵉ, ÉDITEURS,
RUE DES GRANDS-AUGUSTINS, N.º 46.
LECOINTE, PIGOREAU, CORBET AÎNÉ.

1829.

Wilhelm Meister.

IMPRIMERIE DE STAHL,
Quai des Augustins n° 9.

PAR GŒTHE,

TRADUIT DE L'ALLEMAND

TOME QUATRIÈME.

PARIS,

Jules LEFEBVRE et Cie, ÉDITEURS,
RUE DES GRANDS-AUGUSTINS, N° 18.
LECOINTE, PIGOREAU, CORBET AINÉ.

1829.

WILHELM MEISTER.

CHAPITRE PREMIER.

« Hélas! pauvre Marianne, se disait Wilhelm en retournant à la ville, que vais-je encore apprendre de toi? Et toi, belle amazone, ma noble libératrice, à qui je dois tout, et que je cherche partout, sans trouver nulle part; dans quelle malheureuse situation te trouverais-je peut-être, si jamais tu reparais devant moi! »

Wilhelm se rendit au théâtre, espérant trouver ses amis à la répétition. Le silence régnait partout, la salle semblait vide, une seule fenêtre était ouverte. En arrivant sur la scène, il trouva la vieille servante d'Aurélie occupée à coudre des toiles pour une nouvelle décoration; à peine faisait-il assez de jour pour éclairer son ouvrage : Félix et Mignon, assis près d'elle sur le plancher, tenaient un livre de leurs quatre mains; Mignon lisait tout haut, Félix répétait après elle, comme s'il connaissait ses lettres et savait déjà lire.

Les enfans coururent au-devant de Wilhelm; il les embrassa tendrement, et les conduisit près de la vieille. « Est-ce toi, lui dit-il d'un ton sérieux, qui amenas cet enfant à Aurélie? » Elle leva les yeux de son ouvrage, et tourna vers lui sa figure ridée. En ce moment, un rayon de lumière tombe sur elle, Wilhelm tressaille, recule....... C'était Barbe.

« Où est Marianne? » s'écrie-t-il.

— « Loin d'ici. »

— « Et Félix? »

— « Est l'enfant de cette infortunée victime de l'amour. Puissiez-vous n'expier jamais les maux que vous nous avez fait souffrir; et puisse le trésor que je vous livre faire votre bonheur, comme il a fait notre infortune. »

Elle voulait s'échapper, Wilhelm la retint. « Je ne veux pas vous fuir, dit-elle, je vais chercher des preuves qui vous rempliront de joie et de remords. » Elle s'éloigna, et Wilhelm regardait Felix avec une joie inquiète : il n'osait encore l'appeler son fils. « Il est à toi, s'écria Mignon, il est à toi; » et elle pressait l'enfant contre les genoux de Wilhelm.

La vieille revint et lui présenta une lettre : « Voici les dernières paroles de Marianne. »

« Elle est morte? »

« Morte, et je voudrais vous épargner des reproches trop mérités. »

Surpris, effrayé, Wilhelm rompt le cachet : mais à peine a-t-il lu les premiers mots, que, saisi d'une douleur amère, il laisse tomber la lettre, se jette sur un banc, et reste quelque temps immobile. Mignon l'accablait de ses caresses. Cependant Felix avait ramassé la lettre, et tiraillait si bien sa petite amie, que celle-ci, forcée de céder, se mit à genoux près de lui, et lut. Felix répétait les mots après elle; Wilhelm était forcé de les entendre deux fois.

« Si jamais cette lettre vient jusqu'à toi, » plains ta malheureuse amante: ton amour » lui a donné la mort. L'enfant que je mets » du monde en mourant est à toi : toutes les » apparences parlent contre moi, et ce- » pendant je meurs fidèle. Avec toi j'ai » perdu tout ce qui m'attachait à la vie. Je » meurs contente, puisqu'on m'assure que » l'enfant est sain et doit vivre. Ecoute la » vieille Barbe, pardonne lui, sois heureux » et ne m'oublie pas. »

Cette lettre désespérante lui semblait encore, pour sa consolation, obscure et mystérieuse. Mais il fut forcé d'en comprendre le véritable sens, en entendant les enfans épeler et balbutier chaque mot.

« Êtes-vous instruit maintenant? lui cria la vieille, sans lui donner le temps de respirer : remerciez le ciel qui, en vous privant de cette bonne fille, vous laisse au moins un si bel enfant. Oh! que vous serez malheureux, quand vous saurez tout ce qu'elle a souffert et sacrifié pour vous rester fidèle! »

« Fais-moi boire d'un seul trait, s'écria Wilhelm, la coupe de la joie et de la douleur : dis-moi, prouve-moi que cette bonne fille méritait mon estime autant que mon amour : tu m'abandonneras ensuite à toute la douleur d'une perte irréparable. »

« Il n'est pas temps, reprit la vieille, j'ai de l'ouvrage, et je ne voudrais pas qu'on nous vît ensemble. Cachez bien à tout le monde que Félix vous appartient; j'aurais trop de reproches à souffrir de la part de vos amis pour avoir dissimulé si longtemps. Mignon ne nous trahira pas, elle est bonne et discrète. »

« Je le savais depuis long-temps, et je ne disais rien, répondit Mignon. » « Est-il possible ? s'écria la vieille. » « Et depuis quand le savais-tu ? lui demanda Wilhelm. »

— « L'esprit me l'a dit. »

— « Où ? Comment ? »

— « Dans l'incendie : quand le vieillard tira son couteau, l'esprit me cria : « appelle son père », et ton nom me vint à la bouche. »

— « Mais qui donc criait ? »

— « Je ne sais,... mon cœur,... ma tête,...

j'étais si troublée; je tremblais, je priais; on cria, et je compris. »

Wilhelm la serra sur son sein, lui recommanda Félix, et s'éloigna. Il venait de remarquer pour la première fois qu'elle était plus pâle et plus maigre qu'à son départ. Madame Melina qu'il rencontra la première, lui fit un accueil fort aimable. « Puissiez-vous, lui dit-elle, ne pas trouver ici de changement qui vous afflige. »

« J'en doute, répondit Wilhelm, et ne m'y attends guère. Avouez qu'on s'est mis en mesure pour se passer de moi. »

— « Aussi pourquoi vous en aller ? »

— « On ne saurait trop tôt dans le monde apprendre combien l'on est inutile. Nous nous croyons de grands personnages; nous croyons animer le cercle dans lequel nous agissons : sans doute qu'en notre absence, la vie, la nourriture, la respiration vont manquer à tout le monde; mais le vide que nous laissons s'aperçoit à peine, il est bientôt rempli, et l'on trouve un remplaçant, sinon meilleur que nous, du moins plus agréable. »

Laerte entra dans ce moment : « Vous voyez, dit madame Mélina, un heureux mortel qui sera bientôt capitaliste, ou Dieu sait quoi. Wilhelm sentit, en embrassant son ami, le drap fin et délicat de son habit; le reste de son costume était simple, mais des étoffes les plus fines.

« Expliquez-moi cet énigme, dit Wilhelm. »

« Il ne faut pas beaucoup de temps, répondit Laerte, pour vous apprendre que mes courses me sont maintenant payées, que certain patron d'une grande maison de commerce tire parti de mon humeur voyageuse, de mon instruction, de mes connaissances, et m'intéresse dans ses profits. Je donnerais beaucoup pour que la confiance dans les femmes fût aussi marchandise à vendre : il y a dans la maison une nièce charmante, et je vois bien que je pourrais être, si je le voulais, un homme au complet. » Rentré chez lui, Wilhelm attendit avec impatience la vieille Barbe, qui lui avait promis, à une heure avancée de la nuit, sa visite mystérieuse. Elle avait dit : « Je viendrai quand tout le monde dormira », et elle prenait autant de précautions, faisait autant d'apprêts qu'une jeune fille qui se glisserait dans l'ombre près de son amant.

Cependant Wilhelm relisait cent fois la lettre de Marianne, il lisait avec une joie infinie le mot fidélité tracé de cette main si chère : il lisait avec horreur l'annonce de sa mort, qu'elle semblait envisager sans crainte.

Minuit avait sonné : un bruit se fait entendre à la porte entrouverte, et la vieille entre tenant un petit panier à la main. « Je vais, dit-elle, vous raconter l'histoire de nos malheurs : sans doute vous allez devant moi rester insensible ; ce n'est que pour satisfaire une vaine curiosité que vous m'attendez avec impatience, et vous allez, comme autrefois, vous envelopper de votre froid amour-propre, en voyant nos cœurs brisés par la souffrance. Mais voyez, c'est ainsi que dans cette soirée délicieuse j'apportais les bouteilles de Champagne ; c'est ainsi que je plaçais les trois verres sur la table, et vous commençâtes alors à nous bercer, à nous endormir de vos contes d'enfans :

moi je vais vous faire entendre de tristes vérités, et vous tenir éveillé. »

Wilhelm ne savait que dire, quand il vit en effet la vieille faire sauter le bouchon et remplir les trois verres.

« Buvez, s'écria-t-elle en vidant d'un seul trait son verre rempli d'une mousse écumeuse, buvez avant que l'esprit s'évapore. Ce troisième verre est à la mémoire de ma malheureuse amie : dans celui-là que l'esprit se perde et s'exhale. Quand elle buvait à votre santé, que ses lèvres étaient vermeilles! aujourd'hui pâles et flétries pour toujours ! »

« Sybille! furie! s'écria Wilhelm en se levant et frappant de son poing sur la table; quel mauvais esprit te possède et t'agite? pour qui me prends-tu? Tu penses que le simple récit de la mort et des souffrances de Marianne ferait trop peu d'impression sur moi, si tu n'avais recours à tes ruses infernales, pour aiguiser le poignard sur mon sein. Si telle est ton insatiable avidité, qu'il te faille t'enivrer pour me parler de mort : bois et parle. Je t'ai toujours maudite, et je ne puis croire encore que Marianne soit innocente, en te voyant, toi, sa gouvernante. »

« Doucement, monsieur, répondit la vieille; vous ne m'intimiderez point. Vous nous devez encore beaucoup, et on ne se laisse pas maltraiter par un débiteur; mais vous avez raison, un simple récit sera pour vous un assez dur châtiment. Ecoutez donc la lutte et la victoire de Marianne, pour rester digne de vous. »

« De moi! s'écria Wilhelm; quel conte me fais-tu? »

— « Ne m'interrompez pas, écoutez-moi, et vous me croirez ensuite, si vous voulez; peu m'importe. Le dernier soir que vous vîntes, n'avez-vous pas trouvé et emporté un billet? »

— « Je le trouvai, parce que je l'avais emporté; il était enveloppé d'un fichu que j'avais caché sur mon sein dans un moment de délire. »

— « Que contenait ce billet? »

— « Un indigne rival s'y promettait d'être mieux reçu la nuit suivante que la veille : et on lui a tenu parole, car je l'ai vu, de mes propres yeux, s'échapper furtivement de chez elle avant le jour. »

— « C'est possible ; mais ce qui se passait chez nous, les pleurs, le désespoir de Marianne pendant cette nuit-là, vous ne pouviez l'apprendre qu'aujourd'hui. Je serai sincère, je ne veux point mentir ou m'excuser : je conseillai à Marianne de se livrer à un certain Norberg ; je dois dire qu'elle écouta, qu'elle suivit mes conseils avec répugnance. Il était riche, il semblait amoureux, et j'espérais qu'il serait constant. Bientôt après il fit un voyage, et Marianne vous connut. Que n'eus-je pas à souffrir, à empêcher ? Hélas ! s'écriait-elle souvent, si tu avais seulement accordé quelques semaines à ma jeunesse, à mon innocence, j'aurais trouvé le digne objet de mon amour, j'aurais été digne de lui, et l'amour eut donné avec confiance et sincérité ce que j'ai vendu contre ma conscience. Elle s'abandonna toute entière à sa passion, et je ne dois pas demander si vous fûtes heureux. J'avais un empire absolu sur son esprit, car je connaissais tous les moyens de satisfaire ses petits caprices : mais je n'avais aucun ascendant sur son cœur, jamais elle n'approuvait ce que je faisais pour elle, ce que je lui conseillais de faire ; quand son cœur me blâmait, elle ne cédait qu'au besoin, et bientôt notre misère devint pressante. Dans son enfance elle n'avait manqué de rien, mais sa famille avait été ruinée par de nombreux malheurs : la pauvre petite s'était fait une foule de besoins, et l'on avait gravé dans sa petite conscience de bons principes, mais qui la tourmentaient sans la tirer d'embarras. Elle n'avait pas la moindre habitude des choses de ce monde, elle était innocente au dernier point, elle ne comprenait pas qu'on pût acheter sans payer ; malheureuse, quand elle avait des dettes, elle eut plus volontiers donné que reçu, et sa triste situation pouvait seule la forcer à se livrer elle-même pour se débarrasser d'une foule de petites dettes. »

— « Mais ne pouvais-tu la sauver ? »

— « Oui, la faim, la misère, le chagrin, les privations ! Oh ! ce ne sont pas là mes idées ! »

— « Infâme, abominable entremetteuse ! ainsi tu sacrifias la malheureuse créature !

tu l'immolas à ta gourmandise, à ton insatiable avidité ! »

— « Vous feriez mieux de vous modérer et de faire trêve à vos injures : si vous voulez en dire, allez dans vos grandes et nobles familles, vous y trouverez des mères qui se tourmentent pour faire accepter à la fille, la plus aimable et la plus angélique, le plus méprisable des hommes, mais le plus riche. Voyez la pauvre créature gémir et trembler du sort qu'on lui prépare, et ne trouver de consolation que dans les conseils d'une amie expérimentée qui lui fait comprendre que le mariage lui donnera le droit de disposer désormais de son cœur et de sa personne. »

« Silence ! s'écria Wilhelm ; crois-tu qu'un crime en justifie un autre ? Raconte, et plus d'observations. »

— « Ecoutez-moi donc sans me blâmer. Marianne fut à vous malgré moi : dans cette aventure, au moins, je n'ai rien à me reprocher. Norberg revint, se rendit aussitôt chez Marianne, qui lui fit un accueil froid et maussade, et ne lui permit pas même un baiser. J'eus besoin de toute mon adresse pour justifier sa conduite. Son confesseur, lui

I.

dis-je, inquiète sa conscience, et toute conscience est respectable tant qu'elle parle. Je parvins à l'éconduire, en lui promettant de le servir de mon mieux. Il était riche et brutal, mais au fond bonhomme; éperdûment amoureux de Marianne. Il me promit d'être patient, et j'employai toute mon adresse pour lui rendre l'épreuve moins rigoureuse. J'eus avec Marianne une discussion très-vive : je lui conseillai, pourquoi ne pas le dire ? je la forçai, en menaçant même de l'abandonner, d'écrire à son amant et de l'inviter à venir la nuit suivante. Vous venez alors, et par malheur vous faites main-basse sur le fichu et sur la réponse : votre arrivée soudaine me jouait un méchant tour. A peine étiez-vous parti, que les gémissemens recommencèrent ; elle jura qu'elle ne vous serait point infidèle, et sa passion était si vive, si furieuse, que franchement elle émut ma pitié. Je lui promis enfin de calmer encore Norberg cette nuit-là, et de l'éloigner à force de prétextes : je la priai de se mettre au lit, mais elle semblait se défier de moi ; elle voulut rester et s'endormit habillée, fatiguée de s'agiter et de gémir.

» Norberg arriva et je m'efforçai de l'arrêter ; je lui peignis sous les plus sombres couleurs les remords de conscience, le repentir de Marianne : il voulait seulement la voir ; j'entrai dans sa chambre pour la préparer, il m'y suivit, et nous approchâmes de son lit tous les deux en même temps. Elle s'éveille, se lève furieuse et s'arrache de nos bras ; elle jure, prie, pleure, menace, proteste qu'elle ne cédera point. Elle fut assez imprudente pour laisser échapper quelques mots de sa passion véritable que le pauvre Norberg prenait toujours pour l'amour de Dieu. Enfin il sortit de sa chambre, et Marianne s'enferma. Je le retins long-temps près de moi, je lui parlai de de son état, je lui dis qu'elle était enceinte et que la pauvre petite avait besoin de ménagemens. Il fut si fier de sa paternité, si content de pouvoir espérer un beau garçon, qu'il se rendit à tous les désirs de Marianne, et promit de s'éloigner encore pour quelque temps, plutôt que de tourmenter son amante et de compromettre sa santé par des émotions si violentes. C'est dans ces charitables pensées, qu'il me quitta de bon matin, et vous, monsieur, qui montiez la garde, il ne manquait à votre bonheur que de pouvoir lire dans le cœur de ce rival, si heureux, si favorisé, dont l'apparition vous avait réduit au désespoir. »

— « Dis-tu vrai ? »

— « Aussi vrai que je compte encore vous désespérer; oui, sans doute, vous désespérer quand je vous aurai fait une description fidèle de notre matinée suivante. Qu'elle était joyeuse à son réveil! Comme elle m'appelait avec tendresse! quelle effusion de reconnaissance! Comme elle me pressait sur son sein! « Maintenant, dit-elle en s'avançant avec un sourire gracieux devant le miroir, je puis me réjouir de ma beauté, puisque j'appartiens encore à moi-même, à mon unique ami. Que la victoire est douce! Et qu'elle douce jouissance d'avoir suivi son cœur! Ah! combien je te remercie de m'avoir soutenue, et d'avoir une fois employé ta prudence, ton esprit à mon bonheur! Reste près de moi, invente tout ce qui pourra me rendre heureuse.

» Je ne voulais point l'iriter, je flattais son espoir; elle m'embrassait et me couvrait de caresses. S'éloignait-elle un moment de la fenêtre, il fallait que je fisse le guet à sa place ; n'eussiez-vous fait que passer devant la maison, on voulait au moins vous voir, et toute la journée se passa dans l'attente. Au moins la nuit, à l'heure accoutumée, nous comptions sur vous ; j'étais déjà sur l'escalier, le temps me semblait long, et je revins près d'elle. A ma grande surprise, elle avait son costume d'officier. Je puis bien, me dit-elle, prendre aujourd'hui des habits d'homme. Ne me suis-je pas conduite en brave? Je veux que mon bien-aimé me voie aujourd'hui comme il m'a vu le premier jour, mais en le pressant sur mon cœur, je serai bien plus tendre, bien plus confiante qu'alors; car à cette époque je n'avais pas encore reconquis ma liberté par une résolution généreuse. Mais ma victoire n'est pas encore complète, il faut que je porte le derniers coups, pour être digne de lui, de sa possession, il faut tout lui découvrir, lui dévoiler ma position : puis il décidera s'il veut me conserver son amour, ou me répudier : telle est l'entrevue que je lui prépare. Si son cœur était capable de me repousser, alors je m'appartiendrais à moi-même, je trouverais ma consolation dans mon châtiment, et je subirais avec résignation, tout ce qu'il plairait au destin de me faire souffrir. »

» Voilà dans quels sentimens, dans quel espoir vous attendait, monsieur, cette aimable fille; vous ne vintes point. Oh! comment vous dépeindre les tourmens de l'attente et de l'espoir! Je te vois encore devant moi, chère enfant : avec quel amour, quelle passion tu me parlais de l'homme dont tu ne soupçonnais pas la cruauté !

« Bonne chère Barbe, s'ecria Wilhelm, en se levant et saisissant la main de la vieille; c'est assez de feinte, assez d'apprêts. Le ton calme, indifférent, satisfait de ta voix t'a trahi. Rends-moi Marianne, elle vit, elle est près de nous. Ce n'est pas en vain que tu as choisi cette heure solitaire pour me rendre visite, ce n'est pas en vain que tu préparais mon cœur, par ce touchant récit. Où est-elle? où l'as-tu cachée? Je crois tout; je te promets de tout croire, si tu me la montres, si tu la remets dans mes bras. Je viens déjà de voir son ombre passer de-

-ant mes yeux, permets à mes bras de la saisir. Je veux me jeter à ses genoux, je veux implorer mon pardon, je veux la féliciter de ses combats, de sa victoire, sur elle, sur toi-même, je veux lui présenter mon Félix. Viens! où l'as-tu cachée! Ne me laisse pas plus long-temps dans l'incertitude. Ton but est atteint : où l'as-tu cachée? Viens que je t'éclaire avec ce flambeau, que je revoie sa céleste figure. »

Wilhelm avait soulevé la vieille de sa chaise : elle le regardait fixement, des larmes coulèrent de ses yeux, et de pénibles soupirs oppressaient sa poitrine. « Affreuse erreur! s'écria-t-elle, quittez cet espoir d'un moment. Oui, je l'ai cachée, mais sous la terre; ni la lumière du soleil, ni celle d'un flambeau n'éclaireront désormais son doux visage. Conduisez le bon Félix sur sa tombe, et dites lui: « la repose ta mère que ton père a condamnée sans l'entendre. » Ce tendre cœur ne bat plus d'impatience de vous revoir, elle n'attend pas dans une chambre voisine le résultat de mon récit ou de mon conte; elle est descendue dans la chambre froide et obscure, où l'on n'est pas suivi par un époux, et d'où l'on ne sort pas pour aller à la rencontre d'un amant. »

A ces mots, elle tomba sur le plancher à côté de sa chaise, et pleura amèrement. Wilhelm alors ne pouvait plus douter de la mort de Marianne, et fut en proie à la plus violente douleur. La vieille se releva : « Je n'ai plus rien à vous dire, dit-elle, en jetant un paquet de lettres sur la table; ces lettres vous feront maudire votre cruauté. Lisez-les d'un œil sec, si vous en avez le courage. Elle s'échappa, et Wilhelm n'eut pas, cette nuit là, la force d'ouvrir les lettres. Le lendemain matin, il s'arma de courage, rompit le fil qui les attachait, et vit aussitôt les petits billets qu'il avait écrits lui-même au crayon. Mais il ne put lire sans une profonde douleur les lettres que Marianne lui avait écrites et que Werner avait renvoyées comme il le vit par leur contenu.

« Aucune de mes lettres n'a pu te parvenir : mes prières et mes gémissemens ne sont pas allés jusqu'à toi. As-tu donné toi-même des ordres si cruels! Ne dois-je plus te revoir? J'essaie encore une fois, je t'en supplie : viens ! ô viens ! Je ne veux pas te retenir, mais te presser encore une fois sur mon cœur.

» Lorsqu'assise auprès de toi, je tenais tes mains ; je lisais dans tes yeux, et je te disais d'un cœur plein d'amour et de confiance : O le meilleur et le plus cher des hommes ! Tu m'écoutais avec plaisir, tu me faisais répéter ces mots. Je les répète aujourd'hui : O le meilleur et le plus cher des hommes, sois bon comme tu l'étais ; viens, et ne me laisse pas périr dans ma misère.

» Tu me crois coupable, je le suis ; mais non pas comme tu penses. Viens, que j'aie du moins la consolation d'être connue de toi, quoiqu'il m'en arrive ensuite.

» Ce n'est pas pour moi, c'est pour toi-même que je te supplie de venir. Je sens toutes les douleurs que tu souffres en me fuyant. Viens, que notre séparation soit moins douloureuse. Jamais, peut-être, je ne fus plus digne de toi, qu'au moment où tu me repousses dans un abîme de misères.

» Par tout ce qui t'est sacré, par tout ce qui peut toucher un cœur d'homme, je t'appelle. Il y va d'une ame, d'une vie, de deux vies, dont l'une doit t'être toujours chère. Soupçonneux, tu ne me croiras pas, et cependant je le dirai à l'heure de ma mort; l'enfant que je porte sous mon cœur est à toi. Depuis que je t'aime, aucun homme ne m'a pressé la main. Oh! si ton amour, si ta probité avaient été les guides de ma jeunesse!

» Tu ne veux pas m'entendre! Il faut donc me taire, mais ces lettres ne périront point, et peut-être te parleront-elles, quand le drap des morts couvrira mes lèvres, quand la voix de ton repentir ne pourra venir jusqu'à mes oreilles. La seule consolation de ma triste vie, jusqu'à mon dernier soupir, sera de pouvoir me dire que je n'étais pas coupable envers toi, si je ne fus pas innocente. »

Wilhelm ne put continuer : il s'abandonna à toute sa douleur; et vit avec trouble entrer Laerte, auquel il voulait cacher ce qu'il éprouvait. Celui-ci tira de sa poche une bourse pleine de ducats, et se mit à compter, à calculer. « Rien de plus agréable au monde, dit-il, que d'être sur le chemin de la fortune, sans craindre désormais les obstacles ni les revers. » Wilhelm se rappela son rêve et sourit ; mais un autre souvenir le fit trembler : dans ce rêve aussi, Marianne l'abandonnait pour suivre son père, et tous deux s'agitaient et planaient comme des ombres dans le jardin.

Pour échapper à Laerte, il se rendit chez madame Mélina, avec l'intention de lui parler au sujet des deux enfans qu'il voulait emmener avec lui. Le secret de la vieille ne fut pas scrupuleusement gardé. Il se trahit en revoyant le beau Félix. « Mon enfant, s'écria-t-il, mon cher enfant ! » Il le prit dans ses bras et le pressa sur son cœur. « Papa, dit l'enfant, que m'as-tu rapporté ? » Mignon les regardait tous deux, et semblait leur recommander la discrétion.

« Quelle est donc cette nouvelle fantaisie ? » dit madame Mélina. On fit éloigner les enfans; et Wilhelm, ne croyant pas devoir à la vieille l'observation rigoureuse de sa promesse, raconta toute l'histoire à son amie. Celle-ci le regardait en riant. « O la crédulité des hommes ! s'écria-t-elle : comme il est facile de leur mettre sur les bras les enfans qu'ils trouvent par terre ! » Wilhelm lui fit part de l'intention qu'il avait de garder Félix auprès de lui, et d'envoyer Mignon à la campagne. Madame Mélina, quoiqu'elle se séparât à regret des deux enfans, trouva le projet bon, et même nécessaire : Félix, avec elle, devenait un petit sauvage; et Mignon semblait avoir besoin d'un air plus pur et d'une autre société : la pauvre enfant était malade et dépérissait.

Wilhelm se rendit au théâtre, et fit appeler la vieille qui ne consentit à le revoir qu'à la nuit. Le soir, il la reçut avec colère. « Je ne connais rien au monde de plus infâme, lui dit-il, que de vivre de fables et de mensonges. Tu as déjà fait beaucoup de mal; et maintenant, qu'un seul mot de ta bouche pourrait décider du bonheur de ma vie, j'hésite, je n'ose serrer dans mes bras l'enfant dont la possession pleine et entière me rendrait le plus heureux des hommes. Infame créature, je ne puis te regarder sans haine et mépris. »

« A parler franchement, répondit la vieille, votre conduite m'est insupportable. Et quand ce ne serait pas votre fils, c'est l'enfant du monde le plus beau, le plus aimable; on voudrait l'acheter à prix d'or pour l'avoir toujours près de soi. Ne vaut-il pas bien mieux que vous vous chargiez de lui? Et moi, n'ai-je pas mérité, par les soins et les peines qu'il m'a coûté, une petite pension pour le reste de mes jours? Vous autres hommes, à qui rien n'échappe, vous avez bonne grâce à parler de vérité, de franchise! Mais qu'une pauvre créature, qui ne peut satisfaire à ses moindres besoins, qui, dans sa misère ne trouve ni amis, ni conseil, ni secours, passe au milieu d'un monde égoïste, et meure de faim sans rien dire....., ce serait aussi pour l'éloquence un beau texte, si vous aviez la force et le courage d'entendre. Avez-vous lu toutes les lettres de Marianne! Ce sont celles qu'elle vous écrivait à cette époque malheureuse. Je cherchai vainement à me rapprocher de vous, à vous présenter ces lettres; votre cruel beau-frère vous avait si bien emprisonné, que toute ma ruse et toute ma prudence y échouèrent : enfin, comme il nous menaçait de la prison, moi et Marianne, il fallut bien renoncer à toute espérance. Tout cela ne s'accorde-t-il pas avec mon récit ? Et la lettre de Norberg ne confirme-t-elle pas toute mon histoire ? »

— « Quelle lettre ? »

— « Ne l'avez-vous pas trouvée dans le paquet ? »

— « Je n'ai pas encore tout lu. »

— « Donnez-moi donc les lettres ; celle-là est la clef de toutes nos aventures. » Barbara prit une lettre au milieu du paquet, Wilhelm en reconnut l'écriture maudite, et lut ce qui suit :

« Dis-moi donc, jeune fille, d'où vient
» que tu prends sur moi tant d'empire ? Je
» n'aurais pas cru qu'une divinité même
» put me réduire au rôle de soupirant. Au
» lieu de me recevoir à bras ouverts, tu re-
» cules, on eut cru vraiment que je t'inspi-
» rais de l'horreur. Est-il permis de me
» faire passer la nuit avec la vieille Barbe,
» assis sur un coffre dans une antichambre !
» et deux portes seulement me séparaient
» de ma bien-aimée ! J'ai promis de t'ac-
» corder un moment de réflexion et de ne
» pas t'importuner ; mais chaque quart-
» d'heure perdu pour l'amour me rend fu-

» rieux. Ne t'ai-je pas donné tout ce que
» j'ai pu trouver de mieux ? Parle : que
» veux-tu ? Tu ne manqueras de rien. Que
» le maudit prêtre, qui t'a si bien meublé
» la tête, n'avait-il perdu les yeux et la pa-
» role? Pourquoi t'adresser à celui-là? Il y
» a tant de prêtres indulgens pour la jeu-
» nesse. Il faut changer de conduite, je te
» le déclare ; je veux avoir ta réponse dans
» quelques jours, car je pars bientôt, et si
» tu ne redeviens aimable et complaisante,
» tu ne me reverras plus. »

Une autre lettre prouvait jusqu'à l'évidence que Marianne n'avait pas non plus cédé dans la suite à ces menaces, et Wilhelm voyait maintenant avec une profonde douleur, dans ces papiers rassemblés devant lui, l'histoire de l'infortunée Marianne jusqu'à ses derniers momens.

Malgré la vraisemblance et le rapport de ces différens preuves, Wilhelm n'osait encore s'abandonner sa joie, et semblait craindre, en pensant à Félix, un présent offert par un mauvais génie.

« Vos doutes, reprit la vieille, qui devinait son agitation intérieure, ne s'effaceront qu'avec le temps. Regardez l'enfant comme étranger, examinez-le, observez ses petits talens, sa nature, ses facultés, et si vous ne vous reconnaissez pas peu à peu, vous avez la vue mauvaise. Je vous assure que si j'étais homme, je ne craindrais pas qu'on m'imposât l'enfant d'un autre; mais c'est un bonheur pour les femmes, que les hommes n'y voient goutte en pareil cas. »

Wilhelm dit à la vieille qu'il emmenerait Félix avec lui, et qu'il la chargerait de conduire Mignon chez Thérèse, après quoi, elle pourrait aller manger où bon lui semblerait, la petite pension qu'il lui promettait pour le reste de ses jours.

Il fit appeler Mignon pour la préparer à ce changement. « Meister, lui dit-elle, conserve-moi près de toi, que je m'en trouve bien ou mal. » Il lui représenta qu'elle était déjà grande et qu'il fallait songer à son éducation.

« Je suis assez instruite, dit-elle, pour aimer et pleurer. »

Il lui parla de sa santé, lui dit qu'elle avait besoin des soins d'un habile médecin. « Pourquoi prendre pour moi tant de peines, répondit Mignon : on aurait trop à faire. »

Wilhelm se donna beaucoup de peine pour lui persuader qu'il ne pouvait en ce moment la garder avec lui, qu'il allait la mener à des personnes chez lesquelles il la verrait souvent : elle semblait n'avoir rien entendu. « Tu ne me veux plus près de toi, lui dit-elle, peut-être as-tu raison : et bien, envoye-moi près du vieux joueur de harpe; le pauvre homme est tout seul. »

Wilhelm lui fit comprendre que le vieillard était entouré de soins : « je le regrette sans cesse, répondit l'enfant. »

« Mais je n'avais pas remarqué, lui dit Wilhelm, cette tendre amitié pour lui, quand il était avec nous. »

— « J'avais peur de lui, tant qu'il était éveillé; ses yeux m'effrayaient; mais quand il dormait, j'allais m'asseoir près de lui; je chassais les mouches, et je ne pouvais me lasser de le voir. Oh! il m'a secouru dans des momens affreux, et personne ne sait tout ce que je lui dois. Si j'avais su le chemin, je serais déjà près de lui. »

— « Allons, tu es un enfant raissonnable, tu devras te rendre à mes désirs. »

— « La raison est cruelle, le cœur vaut mieux : emmène-moi où tu voudras, mais laisse-moi ton Félix. »

Après une longue discussion, Mignon n'avait pas changé d'idées, et Wilhelm dut enfin se résoudre à confier les deux enfans à la vieille pour les mener ensemble à Thérèse : ce sacrifice lui fut d'autant plus facile, qu'il n'osait encore regarder le beau Félix comme son fils. Souvent il le pressait dans ses bras, le portait autour de la chambre ; et Félix, aimant beaucoup à se faire mettre devant le miroir, Wilhelm lui rendait ce service avec un plaisir qu'il n'osait s'avouer, et cherchait à reconnaître entre l'enfant et lui quelques traits de ressemblance. S'il se croyait un moment père de Félix, il le pressait sur son sein ; mais, tout-à-coup effrayé par l'idée qu'il pouvait se tromper, il déposait l'enfant, et le laissait s'échapper. « Oh ! s'écriait-il, si je prenais pour moi ce précieux trésor, et qu'il me fût ensuite arraché, je serais le plus malheureux des hommes. »

Les enfans partirent, et Wilhelm voulut, par formalité seulement, prendre congé des comédiens, mais il sentit bientôt qu'il était déjà congédié, et n'avait plus qu'à s'éloigner. Marianne n'était plus, ses deux génies tutélaires venaient de le quitter, et son cœur volait déjà sur leurs traces. Le beau Félix revenait à son imagination comme une apparition vague et séduisante; il le voyait, prenant la main de Thérèse, courir par les bois, par la prairie, et développer ses forces en plein air, avec sa jolie surveillante. Thérèse lui devenait plus chère, depuis qu'il savait l'enfant près d'elle.

Jerlo et Mélina le reçurent avec beaucoup de politesse en apprenant qu'il se désistait de toute prétention sur les anciens rôles. « Si personne, lui dit madame Mélina, ne reconnait ce que vous avez fait pour nous, moi je ne l'oublierai point : notre position serait bien différente, si nous ne vous avions pas rencontré. Tous réussit maintenant au gré de nos vœux; mais dès que nos vœux sont comblés et remplis, nous ne les reconnaissons plus, nous croyons n'avoir rien fait, rien obtenu. »

« Vous ne tranquilliserez pas ma reconnaissance, répondit Wilhelm, par ces remercîmens trop généreux, je me regarderai toujours comme votre débiteur. » « Il est possible que vous le soyez, reprit-elle, mais non pas comme vous le pensez. A notre honte, nous ne nous croyons pas obligés d'accomplir une promesse que nous n'avons pas faite avec la bouche. O mon ami! un homme généreux promet déjà trop par sa seule présence. La confiance qu'il inspire, les sentimens qu'il fait naître, les espérances qu'il provoque, sont infinis, il est et reste notre débiteur sans le savoir. Adieu : si notre position extérieure est devenue si brillante sous vos auspices, votre départ laisse dans mon cœur un vide qui ne sera jamais rempli. »

Wilhelm écrivit, avant son départ de la ville, une longue lettre à Werner. Depuis quelque temps ils avaient cessé de s'écrire, ne pouvant s'entendre. Maintenant Wilhelm se rapprochait de lui, il était sur le point de faire ce que l'autre désirait depuis si long-tems; il pouvait lui dire : Je renonce au théâtre; je m'associe à des hommes dont tous les conseils doivent me mener à une vie plus honnête, plus sûre et plus active.

CHAPITRE II.

En arrivant au château, Wilhelm y trouva de grands changemens : il apprit de Jarno que l'oncle était mort, que Lothario venait de partir pour aller prendre possession de son nouvel héritage. « Vous arrivez à temps, lui dit-il, pour nous aider l'abbé et moi. Lothario nous a chargés d'acheter des biens considérables dans le voisinage, et nous venons d'apprendre que certaine maison de commerce avait des vues sur les mêmes propriétés. Nous avons résolu de faire cause commune avec elle; autrement nous allions enchérir comme des fous. Nous avons affaire, je crois, à un très-habile homme, notre nouvel associé. » Les papiers furent présentés à Wilhelm, on visita les champs, les prairies, les châteaux; et quoique Jarno et l'abbé parussent très-bien s'entendre aux affaires, Wilhelm aurait cependant désiré que mademoiselle Thérèse fît partie de la société.

On passa plusieurs jours dans ces travaux, et Wilhelm avait à peine le temps de raconter ses aventures, et l'histoire de sa paternité équivoque, à ses amis, qui traitaient avec indifférence et légèreté une question pour lui si importante. Il avait remarqué que souvent, à table ou dans leurs promenades, ils s'arrêtaient tout-à-coup au milieu d'un entretien, et changeaient de conversation, comme s'ils avaient eu quelque secret à lui dérober. Les paroles de Lydie lui revinrent à l'esprit et le frappèrent, d'autant plus qu'on lui avait fermé jusqu'alors l'accès d'une partie du château. Vainement il avait cherché jusqu'ici le chemin de certaines galeries, et surtout de la grande tour.

Jarno lui dit un soir : « Nous pouvons maintenant vous regarder comme l'un de nous, et il serait injuste de ne pas vous initier dès ce moment à nos mystères. Vous apprendrez bientôt l'existence d'un petit monde, non loin de vous, où vous êtes parfaitement connu. Demain, avant le lever du soleil, soyez prêt. »

Jarno parut à l'heure indiquée et le conduisit par des appartemens connus ou inconnus, par de longues galeries, devant une grande porte fortement garnie de fer. Jarno frappa, la porte s'entrouvrit, mais seulement assez pour le passage d'un homme. Jarno l'y poussa sans le suivre. Celui-ci se trouva dans un lieu sombre et étroit : la nuit régnait autour de lui, il ne pouvait faire un pas sans être repoussé. Une voix qui ne lui semblait pas inconnue lui cria : Entrez ! et Wlhelm s'aperçut alors que l'endroit où il se trouvait n'était fermé que par des rideaux suspendus, à travers lesquels une faible lueur frappait ses regards. Entrez ! cria la voix une seconde fois ; Wilhelm souleva la tapisserie et entra.

La salle dans laquelle il se trouvait paraissait avoir jadis une chapelle ; à la place de l'autel était une grande table élevée de quelques degrés au-dessus du sol, et couvert d'un tapis vert. A l'une des extrémités un rideau baissé semblait cacher un tableau. Des deux côtés se voyaient des armoires fermées par un joli treillage de fil-fer, comme on en voit aux bibliothèques, seulement au lieu de livres, des rouleaux remplissaient les rayons. Il ne vit personne dans la salle. Le soleil levant brillait à travers les vitraux colorés, et tombant directement sur Wilhelm, semblait le saluer à son entrée.

Assieds-toi, cria une voix qui paraissait sortir de l'autel. Wilhelm s'assit sur un petit fauteuil placé près de la tapisserie par laquelle il était entré; c'était le seul siége qui fut dans la salle: il fut obligé de s'y placer, quoique déjà les rayons du soleil vinssent l'éblouir, mais le fauteuil était fixé fortement au sol, et il ne put que mettre sa main sur ses yeux.

Tout-à-coup le rideau qui pendait derrière l'autel s'ouvre avec un léger bruit, et lui fait voir dans le cadre d'un tableau une niche obscure et profonde. A cette ouverture parut un homme en habits ordinaires, qui le salua et lui dit : « Ne me reconnaissez-vous pas? Parmi les choses que vous désirez savoir, ne voudriez-vous pas apprendre où se trouve maintenant la précieuse collection de votre grand-père ? ce qu'est devenu votre tableau favori ? où languit maintenant le prince malade d'amour ? » Wilhelm reconnut sans peine l'étranger qui, dans une nuit présente à sa mémoire, s'était entretenu long-temps avec lui dans une auberge. « Peut-être, continua l'étranger, pourrions-nous être d'accord aujourd'hui sur le destin et sur le caractère des hommes. »

Wilhelm voulait répondre : le rideau se referma tout-à-coup. « Chose singulière ! se dit Wilhelm ; les accidens du sort auraient-ils entre eux un rapport secret, et ce que nous nommons destinée, ne serait-ce que le hasard ? Où peut se trouver la collection de mon grand père ? ponrquoi me la rappeler dans ce moment solemnel?»

Au milieu de ses réflexions le rideau se rouvrit, et Wilhelm reconnut dans l'homme qui s'offrait à ses regards, le prêtre qui jadis avait fait avec lui une promenade en bateau avec la joyeuse compagnie : il ressemblait à l'abbé, et cependant ce n'était pas la même personne. Cet homme, d'un front serein, d'une voix imposante, lui dit : « Garantir les hommes de l'erreur n'est pas la mission du précepteur des hommes; mais surveiller celui qui s'égare, et lui laisser vider à grands traits la coupe de ses erreurs, c'est le talent du sage. » Le rideau se referma, et Wilhelm eut le temps de réfléchir.

Le rideau se rouvre avec fracas; un officier paraît et lui dit en passant : « Apprenez à connaître les hommes à qui l'on peut accorder sa confiance. » Le rideau se referma, et Wilhelm reconnut aisément cet officier pour celui qui l'avait embrassé dans le jardin du comte, avec Jarno le recruteur, mais comment se trouvait-il ici? quel était cet homme? Si tant d'hommes s'étaient intéressés à lui, avaient connu sa route et sa vocation dans ce monde, pourquoi ne l'avaient-ils pas traité plus sévèrement? pourquoi favoriser ses erreurs au lieu de le détromper?

« Ne compte pas avec nous, cria une voix : tu es sauvé, tu marches au but, tes égaremens n'exciteront jamais en ton cœur ni repentir, ni regrets, jamais destinée plus heureuse ne fut le partage d'un homme. »

Le rideau s'ouvrit avec violence, et le vieux roi de Danemarck parut, revêtu de son armure. « Je suis l'ombre de ton père, dit le fantôme, je suis consolé puisque les vœux que j'ai formés pour toi sont accomplis au-delà de mes espérances. Adieu, pense à moi, quand tu jouiras du bonheur que je t'ai préparé. »

Wilhelm était glacé d'effroi : il avait cru reconnaître la voix de son père, et cependant ce n'était pas le même accent : le présent et le passé l'agitaient tour à tour. Il était plongé dans ses réflexions quand l'abbé entra et vint se placer sur l'estrade, derrière la table verte. « Approchez, lui dit-il : Wilhelm s'avança et monta quelques gradins. Il vit un rouleau sur le tapis vert. « Voici votre lettre d'apprentissage, lui dit l'abbé : prenez et méditez : elle contient des choses importantes. » Wilhelm ouvrit le parchemin et lut ce qui suit :

« L'art est long, la vie courte ; le juge-
» ment difficile, l'occasion fugitive. Agir
» est facile, penser est difficile ; mettre la

» pensée en action est pénible. Tout com-
» mencement est plein de charmes : sur la
» seuil est placé l'espérance. L'enfant s'é-
» tonne, l'instinct le guide : il apprend en
» jouant, et la réflexion lui vient par sur-
» prise. Nous naissons imitateurs, mais la
» difficulté est de savoir ce qu'il faut imiter.
» L'excellent se trouve rarement, et plus ra-
» rement encore on l'apprécie. La hauteur
» nous plaît, mais non pas les degrés qui
» nous y conduisent. Les regards attachés
» sur la montagne, nous aimons à nous pro-
» mener dans la plaine. Il n'y a qu'une par-
» tie de l'art qui puisse être enseignée, et
» l'artiste a besoin de l'art tout entier. Celui
» qui le connaît à demi, en parle beaucoup
» et toujours mal : celui qui le connaît tout
» entier, aime mieux agir, et parle rare-
» ment ou tard. Le premier n'a ni secret ni
» force, sa doctrine est comme un pain
» cuit, qui n'est savoureux et nourrissant
» que pour un jour : mais on ne peut semer
» la farine, et l'on ne doit pas moudre la
» semence. Les paroles sont bonnes, mais
» ce n'est pas le meilleur. L'esprit qui dirige
» nos actions est ce qu'il y a de plus noble :

» l'action n'est saisie et rendue sensible que
» par l'esprit. Personne ne sait quand il fait
» bien ; mais nous savons tous quand nous
» faisons mal. Celui qui n'agit que par si-
» gnes est un pédant, un hypocrite ou bien
» un brouillon : c'est une espèce nombreuse
» et qui s'entend bien ; leur babil gêne l'é-
» colier, et leur éternelle médiocrité fati-
» gue les habiles. La doctrine du véritable
» artiste révèle sa pensée ; car, où les mots
» manquent, l'action parle. Le véritable
» écolier apprend le connu par l'inconnu,
» et s'approche du maître. »

« Assez ! dit l'abbé, le reste en son temps : maintenant regardez dans ces cases. » Wilhelm s'approcha et parcourut les titres des rouleaux ; il lut avec surprise : « Ap-
» prentissage de Lothario, apprentissage
» de Jarno, apprentissage de Wilhelm, »
et une foule d'autres noms inconnus.

— « M'est-il permis de jeter un coup-d'œil sur ces rouleaux ? »

— « Il n'est plus de secret pour vous dans cette salle. »

— « Oserai-je faire une question ? »

— « Parlez sans crainte, et comptez sur

une réponse décisive, si c'est une question qui vous intéresse et doive vous intéresser. »

— « Eh bien ! hommes sages et bizarres, dont l'œil perce tant de mystères, pouvez-vous me dire si Félix est réellement mon fils ? »

« Soyez heureux, vous qui m'interrogez ! dit l'abbé, en frappant de joie dans ses mains, Félix est votre fils. Par nos plus saints mystères ! Félix est votre fils, et sa malheureuse mère était, par son ame, digne de vous. Recevez de nos mains cet aimable enfant ; retournez-vous, et osez être heureux. »

Wilhelm entend un léger bruit derrière lui, se retourne, et voit une figure enfantine et friponne se montrer dans l'ouverture de la tapisserie. C'était Felix ! le petit espiègle se recouvrit en riant du rideau, dès qu'il vit qu'on l'avait aperçu. Son père s'élança vers lui, le prit dans ses bras et le pressa sur son cœur. « Oui, je le sens, s'écria-t-il, tu es à moi. C'est à mes amis que je dois ce don du ciel. Comment te trouves-tu si à propos près de moi, mon enfant ? »

« Cesse d'interroger, dit l'abbé. Heureux jeune homme ! ton apprentissage est achevé, la nature vient de t'affranchir. »

CHAPITRE III.

Le lendemain Jarno et l'abbé ne s'étaient pas montrés de la journée ; quand ils parurent le soir, un étranger les suivait. Wilhelm, étonné, courut au-devant d'eux, il ne pouvait en croire ses yeux : c'était Werner qui, comme lui, hésita un moment à le reconnaître. Tous deux s'embrassèrent tendrement, tous deux ne purent se cacher qu'ils se trouvaient bien changés. Werner prétendait que son ami était plus grand, plus fort, plus droit, mieux pris dans sa taille et plus gracieux dans ses manières. « Il lui manque bien, ajouta-t-il, un peu de son ancienne cordialité. » « Elle reviendra, dit Wilhelm, quand nous serons remis de notre première surprise. »

Werner n'avait pas, à beaucoup près, produit sur son ami une impression aussi avantageuse. Le pauvre homme, au lieu de monter dans la vie, semblait déjà descendre. Son corps était plus maigre qu'autrefois, son visage plus allongé, son nez plus saillant, son front et sa tête dégarnis de cheveux, sa voix aiguë, vive et criarde; sa poitrine resserrée, ses épaules rapprochées sous son menton, ses joues caves et pâles. Il n'en fallait plus douter, c'était un vieux travailleur hypocondre.

Wilhelm fut assez prudent pour ne s'exprimer qu'avec réserve sur ce triste changement, tandis que l'autre laissait éclater sa joie sans crainte.

« Ma foi ! dit-il, si tu as perdu ton temps, si, comme je le présume, tu n'as rien gagné, tu es devenu du moins un fort joli garçon, qui peut, qui doit même faire sa fortune, à moins qu'il ne la mange une seconde fois. Avec cette figure-là, voilà de quoi payer la main d'une belle et riche héritière. »

« Tu ne démentiras jamais ton caractère, répondit Wilhelm en riant : à peine, après une longue séparation, retrouves-tu ton ami, que tu le regardes déjà comme une marchandise, comme un objet de spéculation dont tu pourras tirer parti. »

Jarno et l'abbé ne parurent point surpris de cette reconnaissance, et laissèrent les deux amis causer à leur aise du présent et du passé. Werner tournait autour de son ami, le faisait manœuvrer à droite et à gauche, au point de l'étourdir. « Non, s'écriait-il, jamais je n'ai rien vu de pareil; et cependant je suis bien sûr de ne pas me tromper. Tes yeux sont plus enfoncés, ton front plus large, ton nez plus délicat, et ta bouche plus gracieuse. Voyez donc quel maintien! quelles belles proportions! comme la paresse prospère! Et moi, pauvre diable (il se regarda dans le miroir), si pendant ce temps-là je n'avais gagné beaucoup d'argent, que serais-je devenu? »

Werner n'avait pas reçu la dernière lettre de Wilhelm; c'était avec sa maison que Lothario avait le projet d'acquérir en communauté les propriétés environnantes. Cette affaire avait amené Werner au château, où certes il n'espérait guère de rencontrer son ami. Le notaire vint, les papiers furent examinés, et Werner trouva les conditions fort raisonnables. « Si ces messieurs, dit-il, sont bien disposés, comme ils le paraissent, en faveur de ce jeune homme, je les prierai de veiller à ce que notre part ne soit pas diminuée : il dépendra de mon ami de prendre la propriété, et d'y consacrer une partie de sa fortune. » Jarno et l'abbé assurèrent que cette recommandation était inutile. Quand on eut traité l'affaire en commun, Werner témoigna le désir de faire une partie d'ombre : Jarno et l'abbé s'offrirent aussitôt. C'était une habitude, il ne pouvait vivre sans faire la partie du soir.

Après le repas, nos deux amis se trouvant seuls, s'interrogèrent mutuellement, et s'entretinrent avec intérêt de tout ce qu'ils avaient à se dire. Wilhelm vantait le bonheur de sa position actuelle, l'honneur d'être admis dans une société aussi distinguée. Werner dit, en secouant la tête : « On ne devrait jamais en croire que ses propres yeux. Plus d'un officieux ami m'avait pourtant assuré que tu vivais avec un jeune seigneur, un vrai libertin : que tu lui procurais des actrices, que tu l'aidais à se ruiner, et que déjà même tu l'avais brouillé avec toute sa famille. »

« Il me serait pénible, répondit Wilhelm, et pour mes honorables amis et pour moi-même, d'être si mal jugé par les hommes, si ma carrière théâtrale ne m'avait habitué depuis long-temps à leur médisance. Comment les hommes pourraient-ils juger notre conduite ? ils ne voient que des actions isolées, quelques traits détachés ; le bien et le mal sont dans l'ombre, et ce qu'ils voient à la surface n'est ni bon ni mauvais. On leur amène sur de grandes planches des comédiens et des comédiennes, on allume tous les lustres ; le spectacle s'achève en quelques heures, et les spectateurs ne savent pas encore s'ils doivent être contents. »

Maintenant, que faisaient la famille, les amis d'enfance, la ville natale ? Werner fit en deux mots le récit des changemens et des anecdotes. « Nos dames, dit-il, sont heureuses et contentes, l'argent ne manque pas, elles passent une partie de la journée à se parer, l'autre partie à faire voir leur parure, du reste prenant soin du ménage autant qu'on peut le désirer. Mes enfans deviennent de grands garçons, déjà fort habiles. Je crois déjà les voir à leur comptoir : ils écrivent, calculent, courent, trafiquent, brocantent; on va monter le plutôt possible à chacun son petit commerce. Et notre fortune ! voilà ce qui doit t'intéresser. Une fois notre acquisition réglée, reviens chez nous; il me semble que ta raison peut maintenant s'accocier aux travaux des hommes : honneur à tes nouveaux amis qui t'ont ramené dans le bon chemin. Ris donc de ma folie! je sens pour la première fois combien je t'aime, je ne puis me rassasier de te voir; tu me parais si bon et si beau! Quelle différence de ta figure à ce portrait que tu avais envoyé à tes sœurs, et qui fit tant de disputes à la maison! La mère, les filles trouvaient le jeune homme charmant, avec son cou nu, sa poitrine à demi-découverte, ses grandes papillotes, ses cheveux pendants, son chapeau rond, son frac et son grand pantalon roide : moi je soutenais que ce costume-là ressemblait trop à celui d'arlequin. Maintenant, au moins, tu as l'air d'un homme, il ne te manque que la queue : je t'en prie, ramasse tes cheveux pour en faire une, autrement l'on va te prendre en chemin pour un juif, et t'arrêter à la douane pour te demander l'impôt. »

Pendant l'entretien, Félix s'était glissé dans la chambre sans être vu, s'était couché sur le canapé et dormait. « A qui ce marmot là? demanda Werner. » Wilhelm n'avait dans ce moment ni le courage de dire la vérité, ni l'envie de raconter l'histoire d'une paternité toujours équivoque à un homme qui ne croyait pas aux doux pressentimens de la nature.

La société se transporta sur les lieux pour visiter les biens et conclure le marché. Wilhelm, en pensant à Félix, contemplait avec plaisir ces vastes propriétés. Le petit garçon s'élançant après les cerises et les fruits bientôt mûrs, lui rappela le devoir que la nature impose au père de famille, de préparer la subsistance de ses enfans, d'assurer et conserver leur patrimoine. Avec quel intérêt il considérait les vergers et les bâtimens. Déjà dans ses plans, il rétablissait ce que d'autres avaient négligé, il relevait ce qui tombait en ruines. Il ne voyait plus le monde comme un oiseau de passage; il ne voyait plus dans ces bâtimens un joli bosquet, dont l'automne a dépouillé le feuillage, avant qu'on l'abandonne. Tout ce qu'il plantait, croîtrait pour son fils, tout ce qu'il bâtirait, devait durer plusieurs générations. Au moins de ce côté son apprentissage était fini, et il avait pris avec les sentimens d'un père les vertus d'un citoyen. Il sentit ses progrès et s'écria dans l'excès de sa joie : O vaines austérités de la morale ! La nature elle-même nous forme comme il lui plaît à ce que nous devons être. Ridicules prétentions de la société qui égare et trouble nos pensées, et demande plus que la nature elle-même ! Sots préjugés d'une éducation qui entrave la marche de la seule éducation puissante et réelle, et nous montre le but, au lieu de nous applanir la route.

Félix montrait de jour en jour un plus vif désir de s'instruire. Quand une fois il eut appris que les choses avaient des noms, il voulut savoir le nom de chaque objet ; il croyait que son père devait tout connaître, le tourmentait par ses questions, et lui inspirait l'idée de faire lui-même des recherches qui, jusques-là, n'avaient pas attiré son attention. Ce désir naturel de connaître l'origine et la fin des choses s'annonça de bonne heure dans Félix. Venait-il à demander d'où vient le vent? où se perd la flamme? son père rougissait de sa propre ignorance et désirait aussi savoir jusqu'où l'homme avait porté la hardiesse de ses pensées, jusqu'où sa science osait expliquer. La colère de l'enfant, quand il voyait faire une injustice à quelque être vivant, fit le plus grand plaisir à son père : c'était la marque certaine d'un bon naturel. Il battit un jour de toutes ses forces la cuisinière qui tordait le cou à des pigeons; mais cette belle impression fut bientôt détruite; une heure après il tuait sans pitié les grenouilles, et arrachait les ailes des papillons. Ce trait d'un enfant lui rappela tant d'hommes qui font parade de leur justice, quand ils observent sans passions celles de leurs semblables.

Combien Wilhelm avait peu fait jusqu'ici pour son fils? Que pouvait-il faire à l'avenir? Ces réflexions le troublèrent et mirent en danger tout le bonheur qu'il s'était promis. Les hommes, se dit-il, sont-ils donc nés égoïstes, et ne peuvent-ils sortir d'eux-mêmes, pour étendre leur existence sur leurs semblables ? Ne suis-je pas avec Félix comme j'étais avec Mignon ? J'adoptai cette chère créature, sa présence m'était douce, et je n'eus pour son éducation qu'une froide insouciance. Qu'ai-je fait pour former son ame et répondre à ses généreux désirs ? Rien. Je l'abandonnais à elle-même, à tous les caprices qui pouvaient l'agiter au milieu d'une société sans goût et sans mœurs. Et cet enfant que ton cœur avait déjà remarqué avant qu'il te fut si cher, as-tu jamais senti l'envie de lui être utile ? Il n'est plus temps de perdre et ses années et les tiennes : rassemble tes forces, et pense à ce que tu dois à toi-même, à ces bonnes créatures dont la nature et ton choix unissent si fortement l'existence à la tienne.

Après avoir donné plus d'une larme au souvenir de Marianne, il sentit bien qu'il devait chercher une mère pour son fils; et quelle mère vaudrait jamais Thérèse ? Il connaissait cette excellente femme : ses généreux sentimens pour Lothario ne pouvaient l'inquiéter. Un destin bizarre les avaient séparés pour jamais, Thérèse se croyait libre, et lui avait parlé d'un mariage avec indifférence, comme d'une chose qui se comprend d'elle-même.

Après s'être long-temps consulté, il résolut de lui dire sur lui-même tout ce qu'il savait. Elle devait le connaître, comme il la connaissait; il commença donc à composer son histoire, mais sa vie lui parut si vide d'actions et d'événemens, et les aveux si désavantageux pour lui-même, qu'il fut plus d'une fois sur le point de renoncer à son projet. Il résolut enfin de demander à Jarno le manuscrit de son apprentissage, déposé dans la tour : celui-ci répondit : « Les temps sont venus », et lui remit le parchemin.

Moment terrible pour l'homme généreux! Seul avec sa conscience, ses yeux vont s'ouvrir sur lui-même. Tous les changemens de l'ame sont des crises, et toute crise n'est-elle pas une maladie? Après la maladie quelle répugnance on éprouve à l'approche du miroir : on sent la convalescence, et la glace ne montre que les ravages du mal passé. Cependant Wilhelm avait préparé son courage; la voix de l'expérience s'était déjà fait entendre, et ses amis ne l'avaient pas épargné. D'abord il se hâta de parcourir le parchemin, mais à mesure qu'il lisait le calme rentrait dans son ame.

Il vit sa vie et ses circonstances peintes à grands traits dans un vaste tableau : point d'action isolée, point de sentiment sévèrement analysé et qui pût le faire rougir; partout des observations générales et bienveillantes qui l'instruisaient sans l'humilier : il voyait pour la première fois son image hors de lui-même. Il voyait, non plus comme dans un miroir, mais comme dans un portrait, un autre Wilhelm. On ne se reconnaît pas toujours à chaque trait, mais on se réjouit que le génie et le talent aient pu si fidèlement nous saisir et reproduire notre physionomie, et qu'une image qui doit nous survivre soit là pour rappeler ce que nous étions.

Wilhelm s'occupa, maintenant que le manuscrit avait retracé tous les faits à sa mémémoire, de rédiger l'histoire de sa vie pour Thérèse; mais il rougissait de n'avoir à présenter à ses hautes vertus qu'une existence oisive et aventureuse : si le manuscrit était un grand portrait, sa lettre ne fut qu'une miniature. Il lui demanda son amitié, son amour, s'il était possible; il lui offrait sa main, et implorait une prompte décision.

Après avoir long-temps délibéré s'il prendrait l'avis de ses amis, Jarno et l'abbé, il résolut de garder le silence. Sa résolution était trop ferme, l'affaire trop importante pour qu'il pût la soumettre au jugement du meilleur et du plus sensé des hommes; il eut même la précaution de porter lui-même la lettre à la poste la plus voisine. Peut-être Wilhelm n'avait-il reconnu qu'avec déplaisir qu'au moment même où il se croyait libre et inconnu, sa conduite avait toujours été observée et gouvernée par d'autres, comme il n'en pouvait plus douter d'après la lecture du manuscrit : maintenant il voulait parler lui-même au cœur de Thérèse, il voulait laisser à ses seuls sentimens, à sa seule résolution, le pouvoir de décider son sort; il ne se fit donc aucun scrupule de soustraire une affaire aussi importante à la censure de ses maîtres.

CHAPITRE IV.

La lettre fut à peine partie, que Lothario reparut. Chacun se réjouissait de voir l'acquisition des nouvelles terres, conclue et bientôt terminée; Wilhelm se demandait avec impatience à quel dénoûment aboutiraient tant d'incidens qui coupaient tour à tour et renouaient le fil de son existence. Lothario le salua de la manière la plus affectueuse: calme et parfaitement rétabli, il avait repris toute l'activité d'un homme sûr d'agir, et d'agir sans obstacle.

Wilhelm ne put lui rendre son salut avec autant de cordialité. «Voilà, se dit-il, l'ami, le bien-aimé, le fiancé de Thérèse que tu veux supplanter! Tu te flattes d'effacer l'impression qu'il a faite, de bannir les souvenirs qu'il a laissés?» Si la lettre eût été encore dans ses mains, il est probable qu'elle ne fût jamais partie. Mais le sort en était jeté ; peut-être Thérèse avait-elle déjà prononcé, peut-être l'éloignement couvrait encore d'un voile un bonheur qui existait déjà. Il allait connaître ou sa victoire ou sa défaite : il cherchait à se rassurer par les idées les plus flatteuses, et l'incertitude faisait battre son cœur comme une fièvre ardente. Il ne pouvait donner qu'une faible attention aux négociations importantes de Werner, dont cependant dépendait toute sa fortune. Qu'importe à l'homme, dans le moment de la passion, tout ce qui l'entoure et tout ce qui le concerne ?

Heureusement pour lui Lothario traitait les affaires avec grandeur, et Werner avec adresse. Ce dernier, outre le désir qu'il avait de faire un excellent marché, ressentait encore le plaisir d'assurer à son ami Wilhem la possession d'une belle terre. Les réflexions de Lothario étaient d'un ordre plus élevé. « Pour moi, dit-il, rien ne me plaît tant dans une propriété, que la légitimité de sa possession.

« Au nom du ciel ! que voulez-vous dire ? s'écria Werner ; est-ce que notre possession ne serait pas assez légitime ? »

— « Pas tout-à-fait. »

— « Ne donnons-nous pas notre argent comptant? »

— « J'en conviens ; aussi prendrez-vous peut-être mes observations pour un scrupule bien frivole. Je ne connais de propriété légitime que celle qui paie sa dette à l'état. »

— « Comment l'entendez-vous? Ainsi ces biens que nous achetons avec les immunités, il faudrait qu'ils fussent contribuables? »

— « Sans doute, jusqu'à un certain point. Cette égalité de charges, avec les autres biens, peut seule assurer notre possession. Dans nos temps modernes, où toutes les vieilles idées chancellent, quel est le grand argument du paysan, pour croire que la propriété du gentilhomme est moins légitime que la sienne? C'est que l'impôt pèse sur sa terre et non sur celle du seigneur. »

— « Et comment pourrions-nous retirer les intérêts de notre capital ? »

— « Tout comme avant : car alors l'état, en recevant de nous une contribution raisonnable et régulière, nous permet en revanche de disposer de nos terres à notre bon plaisir, de ne plus les conserver comme autrefois en vastes propriétés, mais de les diviser par portions égales entre nos enfans, et de leur donner à tous l'indépendance et l'activité, au lieu de leur laisser en héritage des priviléges toujours gênés ou gênans pour nous-mêmes, et que nous ne pouvons maintenir qu'en évoquant sans cesse les ombres de nos ancêtres. Quel serait le bonheur des hommes et des femmes, s'il leur était permis de jeter librement leurs regards autour d'eux, de choisir et d'ennoblir par leur choix, tantôt une jeune fille, tantôt un jeune homme, recommandables par la vertu seule ! L'état aurait de meilleurs citoyens, et ne manquerait pas si souvent de têtes et de bras. »

— « Je puis vous assurer que je n'ai jamais de ma vie pensé à l'état ; je paye exactement les contributions, les impôts et les droits d'entrée, parce que c'est un usage établi. »

— « Allons, j'espère encore faire de vous un bon patriote : comme le bon père de famille est celui qui sert d'abord ses enfans à table, le bon citoyen est celui qui, avant toute autre dépense, met de côté ce qu'il doit à l'état. »

Loin d'avoir ralenti les affaires, ces hautes questions d'intérêt public les faisaient aller plus vite. Quand tout le monde fut à peu près d'accord, Lothario dit à Wilhelm : « Je vais vous envoyer dans un lieu où votre présence est plus utile qu'ici : ma sœur vous fait prier de vous rendre aussitôt chez elle. La pauvre Mignon semble dépérir de jour en jour, et l'on croit que votre présence pourrait arrêter les progrès du mal. Elle m'envoie ce billet qui vous prouvera combien elle attache d'importance à votre prompte arrivée. » Il lui présenta la lettre; Wilhelm, que ces mots avaient déjà troublé, parcourant quelques lignes écrites à la hâte avec un crayon, reconnut aussitôt l'écriture de la comtesse et ne sut que répondre.

« Emmenez votre fils, dit Lothario, les enfans s'égaient toujours entre eux. Il faut vous mettre en route demain avec le jour, l'équipage de ma sœur, qui a ramené mes gens, est encore ici, mes chevaux vous conduiront jusqu'à moitié chemin, et là vous prendrez la poste. Adieu, mille amitiés de ma part. Dites à ma sœur que j'irai bientôt la voir, et qu'elle s'attende surtout à recevoir plusieurs convives. L'ami de notre digne oncle, le marquis Cipriani, est en route pour le château : il espérait trouver ce bon vieillard encore vivant; ils voulaient tous deux s'entretenir avec délices des souvenirs de leur jeunesse, et tous deux amateurs passionnés des beaux arts, se livrer à leurs communes jouissances. Le marquis était beaucoup plus jeune que mon oncle, et lui dut en partie son éducation; il faut tout préparer pour remplir le vide qu'il va trouver parmi nous, et plus nous aurons de monde mieux nous réussirons. »

A ces mots Lothario rentra dans son cabinet avec l'abbé; Jarno venait de partir à cheval. Wilhelm remonta seul dans sa chambre. A qui pouvait-il se confier? et par quelle entremise pourrait-il éloigner une entrevue qu'il redoutait? Le laquais entra dans sa chambre, et lui proposa de faire ses paquets pour qu'on pût les emballer cette

3.

nuit même, et partir au point du jour. Wilhelm ne savait à quoi se résoudre; il se dit enfin : « Sors d'abord de ce château, tu verras sur la route ce qu'il te reste à faire; tu peux t'arrêter au milieu de ta course, renvoyer sur tes pas un messager, écrire à tes amis ce que tu n'oses dire toi-même : le sort fera le reste. » Malgré cette résolution, il passa une nuit fort agitée : il regardait, pour se consoler, Félix et son doux repos !

« Hélas! s'écria-t-il, toi qui sais à quelles rudes épreuves je suis réservé, toi qui sais combien de temps encore mes fautes passées me tourmenteront, combien de temps mes plans de sagesse et de bonheur pour l'avenir seront aussitôt renversés, sort propice ou cruel, conserve-moi du moins ce trésor que je possède. S'il était possible que cette meilleure partie de moi-même fût arrachée de mon sein, que mon ame fût séparée de mon ame : adieu raison, intelligence; adieu prudence, désir de conservation! périsse tout ce qui nous distingue de la bête. Et s'il n'est pas permis de trancher de sa main le cours d'une vie misérable, que du moins le délire vienne aussitôt que la douleur troubler mes sens, avant que la mort, qui doit les anéantir, amène la nuit qui ne finit plus. »

Il prit son enfant dans ses bras, le couvrit de baisers, le pressa contre son sein et l'arrosa de ses larmes. Félix se réveilla : ses beaux yeux bleus, son regard, son sourire portèrent à l'ame de Wilhelm une émotion délicieuse. « Quel tableau je me fais! s'écria-t-il ; la belle et infortunée comtesse va te recevoir de mes bras, te presser sur ce cœur que ton père a si cruellement déchiré. Mais je crains qu'elle ne te repousse avec horreur, sitôt que tes caresses auront réveillé sa douleur feinte ou sincère. »

Le cocher ne lui laissa pas le temps de s'abandonner à ces idées ou de prendre un parti, et le pressa vivement de monter en voiture. Il enveloppa Félix de son manteau ; la matinée était belle, mais froide, et pour la première fois son fils voyait le soleil se lever. Sa surprise aux premiers jets de la lumière qui, peu à peu se répandait plus vive dans l'espace, ses transports de joie, son admiration naïve, réjouissaient son père. Heureux enfant, à qui le soleil semblait s'élever et planer sur une mer toujours pure et tranquille!

Le cocher dételà dans une petite ville et revint au château. Wilhelm s'enferma dans une chambre de l'hôtellerie. C'est maintenant qu'il se demandait s'il devait s'arrêter ou poursuivre. Il osa, dans cette incertitude, reprendre la lettre qu'il n'avait pas encore eu le courage d'ouvrir; elle contece qui suit :

« Envoie-moi sur-le-champ ton jeune
» ami : Mignon est beaucoup plus mal de-
» puis deux jours. Quelque fâcheuse que
» soit la cause de notre entrevue, je me
» réjouirai de faire sa connaissance. »

Ces derniers mots, que Wilhelm n'avait pas remarqués au premier coup d'œil, l'effrayèrent, et le décidèrent à s'arrêter. « Quoi! s'écria-t-il, Lothario qui connaît notre ancienne liaison, ne lui a pas découvert qui j'étais! Elle ne compose point son ame et son visage pour recevoir un ancien ami, qu'elle voudrait ne jamais revoir; c'est un étranger qu'elle attend, et je me présenterais! Je la vois reculer d'horreur! je la vois rougir! Non, je ne puis aller m'offrir à ses regards. »

Dans ce moment les chevaux étaient attelés, mais Wilhelm avait résolu de donner contre ordre et de rester. Il entendit, au plus fort de son agitation, le bruit des pas d'une jeune fille qui montait pour lui annoncer le départ; son esprit cherchait un prétexte pour rester, et ses yeux, fixés sur le billet, le regardaient sans le voir. « Grand Dieu! s'écria-t-il tout-à-coup, quelle idée? Ce n'est pas la main de la comtesse, c'est celle de la baronne! »

La jeune fille entra dans sa chambre, le pria de descendre, et emmena Félix avec elle. « Est-il possible? se dit-il, est-il vrai? Que dois-je faire? Rester, attendre, éclaircir mes doutes? Ou bien courir, hâter le moment où je ne douterai plus? Ce chemin te mène chez elle, et tu recules? Ce soir tu la verras, et tu veux rester ici, prisonnier volontaire. C'est son écriture! oui, sa main t'appelle, sa voiture est attelée pour te conduire à ses genoux, et le mystère s'explique. Lothario a deux sœurs : il connaît mes liaisons avec l'une, il ignore ce que je dois à l'autre. Elle non plus ne sait pas que cet aventurier blessé, qui lui doit, sinon la vie, du moins sa guérison, plus heureux qu'il ne le mérite, est reçu comme un ami dans le château de son frère. »

Félix se balançait déjà dans la voiture, en criant : « Viens donc, Papa, viens donc. Les beaux nuages ! les belles couleurs ! » « Je descends, répondit Wilhelm, en sautant en bas de l'escalier, et tout ce que tu vois dans le ciel, tout ce que tes yeux admirent, ô mon cher enfant, n'est rien près du spectacle qui m'attend. »

Assis dans la voiture, il recueillait et liait ses idées. « Cette Natalie est l'amie de Thérèse. Quelle découverte ! quel espoir ! quelle perspective ! Elles sont deux : comment la crainte d'entendre parler de l'une m'avait-elle cachée l'existence de l'autre ? » Avec quelle joie il regardait Félix ! Il espérait pour son enfant et pour lui-même l'accueil le plus affectueux.

Le soleil s'était couché ; les chemins étaient mauvais ; le postillon avait ralenti sa marche. Félix était endormi, et de nouvelles inquiétudes, de nouveaux doutes s'élevaient dans le cœur de Wilhelm.

« N'est-tu pas, se dit il, le jouet d'un songe, d'une vaine illusion ? Une ressemblance d'écriture, que tu imagines peut-être, te rassure tout-à-coup, et tu bâtis là-dessus les plus douces chimères. » Il reprit le billet, et crut aux lueurs mourantes du crépuscule reconnaître l'écriture de la comtesse : ses yeux ne pouvaient retrouver dans chaque mot ce que son cœur avait lu dans l'ensemble du billet. « N'en doutes plus, ces chevaux te traînent à une scène de trouble et d'horreur. Qui sait si, dans quelques heures, ils ne te ramèneront pas ? Si du moins tu pouvais la trouver seule : mais son époux est là, peut-être aussi la baronne ? Que je vais la trouver changée ! Je serai devant elle, mes genoux pourront-ils me soutenir ? »

Il espérait encore trouver son amazone, et ce faible rayon d'espoir dissipait par moment ces tristes images. La nuit était sombre; la voiture roula tout-à-coup sur les pavés d'une cour, et s'arrêta. Un domestique, portant un flambeau, s'avança sous un vaste portail, descendit les dégrés d'un large escalier, et vint jusqu'à la voiture. « Il y a long-temps qu'on vous attend, » dit-il en ouvrant la portière.

Wilhelm prit Félix encore endormi dans ses bras, et le premier domestique dit au second qui se tenait à la porte avec un flambeau : « Conduisez Monsieur chez la baronne. »

Ces mots retentirent dans l'ame de Wilhelm. « Quel bonheur ! Que je le doive au hasard ou à sa volonté, la baronne est ici. Je la verrai enfin ! Sans doute la comtesse repose encore. Aidez-moi, puissances célestes, à soutenir sans trouble cette terrible entrevue. »

Il entra dans la maison comme dans un temple, et jamais aucun lieu n'avait frappé son ame d'une impression plus sincère et plus religieuse. Un lustre brillant, suspendu à la voûte, éclairait devant lui un large escalier qui se séparait et montait par une pente douce des deux côtés de l'édifice. Où donc avait-il vu plusieurs des statues placées à droite ou à gauche sur leurs piédestaux ou dans des niches ? Quels faibles indices rappellent les premières impressions de la jeunesse! Il reconnut une Muse qui avait appartenu à son grand père, non par ses formes ou par le talent de l'artiste, mais aux réparations qu'on avait faites à l'un des deux bras et aux plis de sa robe. C'était comme la réalité d'un ancien songe. Félix devenait un fardeau trop lourd; il s'arrêta sur l'escalier et s'agenouilla, comme pour le replacer plus commodément. Il avait en effet besoin de reprendre haleine. Le domestique qui l'éclairait proposait de se charger de l'enfant; Wilhelm ne voulut pas le quitter. Bientôt il entra dans une antichambre, et vit avec plus de surprise encore son tableau favori, le jeune prince malade d'amour. A peine eut-il le temps d'y jeter un regard; le domestique, après lui avoir fait traverser plusieurs chambres, l'introduisit dans un cabinet. Là, une femme, dont les traits étaient cachés par un garde-vue, était assise et lisait. « Oh! si c'était elle! » se dit-il en ce moment décisif. Il déposa son enfant qu'il croyait éveillé, et voulait s'approcher de la dame, lorsque Félix, encore engourdi par le sommeil, tomba de sa hauteur. La baronne se leva et s'avança vers lui. C'était l'amazone! Hors de lui-même, il tombe à genoux, et, dans la vivacité de ses transports, saisit sa main qu'il couvre de baisers. Au milieu d'eux, Félix, étendu par terre, dormait déjà paisiblement.

Natalie le porta sur le canapé, s'assit à ses côtés, et invita Wilhelm à prendre un fauteuil auprès d'elle. Elle lui offrit des rafraîchissemens qu'il refusa : il lui tardait trop de s'assurer que c'était bien elle, de revoir et de reconnaître ces beaux traits, d'abord cachés par le garde-vue.

Elle l'entretint de la maladie de Mignon. Infortunée! tourmentée d'affections profondes, elle en mourait tous les jours; elle étouffait au-dedans d'elle-même une sensibilité ardente, et son pauvre cœur, resserré par des convulsions douloureuses, se débattait contre la souffrance. Souvent ce premier organe de la vie, d'abord agité par des secousses soudaines, cessait de battre; on ne sentait plus dans le sein de cet aimable enfant aucun mouvement, aucune circulation; après cette crise affreuse, les forces de la nature annonçaient leur retour par des palpitations violentes, et la tourmentaient d'une surabondance de vie aussi dangereuse que sa première faiblesse.

Wilhelm se souvint d'avoir vu lui-même un jour ces convulsions : Natalie laissait au médecin le soin de l'entretenir sur ce triste sujet et de lui expliquer plus longuement pour quels motifs on avait désiré la présence de l'ami et du bienfaiteur de Mignon. En la voyant, continua-t-elle, vous serez surpris d'un singulier changement ; elle porte maintenant ces habits de femme qui semblaient lui inspirer tant de répugnance.

« Et comment l'avez-vous obtenu, dit Wilhelm. »

— « Si c'est un heureux changement, nous le devons au hasard : écoutez l'aventure. Vous savez peut-être que je suis sans cesse environné de jeunes filles qui grandissent sous mes yeux, et dont je voudrais former le cœur à la vertu, et l'esprit à la vérité. Jamais elles n'entendent rien de ma bouche qui d'abord ne m'ait à moi-même paru vrai. Cependant je ne puis ni ne veux empêcher qu'elles ne reçoivent des autres une foule d'erreurs et de préjugés accrédités parmi le peuple. Si vous m'en demandez la raison, je cherche autant qu'il est possible à rectifier ces idées erronées par un exemple, afin, que si elles ne sont pas utiles, elles ne soient pas du moins dangereuses.

» Depuis quelque temps mes jeunes filles avaient entendu les enfans du village parler d'anges, du moine bourru, de saints qui à certaines époques apparaissent en personne, pour récompenser les bons enfans dociles et punir les méchans. Elles soupçonnaient déjà que c'étaient quelques personnes déguisées; j'eus soin de les confirmer dans cette opinion, et sans avoir recours au raisonnement, je résolus de leur procurer à la première occasion le plaisir d'un pareil spectacle. C'était justement quelques jours après la fête de deux sœurs jumelles qui s'étaient distinguées par leur bonne conduite; j'annonçai la visite d'un ange porteur des présens qu'elles avaient si bien mérités. On attendait avec une vive impatience cette apparition. J'avais choisi Mignon pour ce rôle : elle fut, au jour marqué, parée d'une longue robe blanche, légère et flottante. Rien ne manquait à son costume ni la ceinture d'or sur son sein, ni le diadême d'or sur sa tête. Je voulais d'abord un ange sans ailes; mais les femmes chargées de sa toilette insistèrent pour deux grandes ailes dorées, destinées surtout à prouver leur adresse. Ainsi parut, un lis dans une main, une corbeille dans l'autre, l'envoyé du ciel au milieu des jeunes filles. Je fus moi-même surprise : voici l'ange, dis-je à mes enfans. Toutes reculèrent d'effroi. A la fin, elles s'écrièrent: c'est Mignon! et cependant elles n'osaient approcher du céleste personnage.

» Voici les présens, dit-elle en offrant sa corbeille. On se rassemble, on l'examine, on la touche, on la questionne.

« Est-ce que tu es ange, lui demanda l'un des enfans. »

— « Je le voudrais. »

— « Pourquoi portes-tu ce lis? »

— « Si mon cœur était aussi pur, aussi ouvert, je serais heureuse. »

— « Et tes ailes? fais les voir. »

— « Elles sont plus belles, non déployées. »

»Toujours une réponse grave et solènnelle aux questions les plus innocentes et les plus frivoles.

» Lorsque la petite société eut satisfait sa curiosité, et se fut aguerrie contre les apparitions, on voulut déshabiller Mignon. Elle s'y refusa, prit sa guitare, monta sur cette table élevée et chanta les stances suivantes avec une grâce incroyable.

> Ah! laissez-moi briller, puisque je vis encor!
> Ne me dépouillez pas de ma blanche parure!
> Pour voir au tombeau, déjà je prends l'essor,
> Et sous terre m'en vais à ma demeure obscure.

> Là, je vais reposer; mais bientôt le réveil
> Rendra mes yeux plus frais, plus fraîche ma figure,
> Et je laisse en quittant la tombe et son sommeil,
> Le brillant diadême, et la blanche ceinture.

> Ils ne demandent pas, les célestes esprits,
> Qui vivait homme ou femme en sa forme première :
> Ils n'enveloppent pas, de la robe à longs plis,
> Les corps transfigurés et vêtus de lumière.....

> .....Je vivais au-dehors, sans soucis, sans tourment,
> Mais je sentais au cœur, chagrin, sombre tristesse,
> Et de douleur trop tôt m'en allais vieillissant :
> Ah! rendez-moi, grand Dieu! l'éternelle jeunesse.

« Je consentis aussitôt, continua Natalie, à lui laisser sa robe, à lui procurer même les autres vêtemens de son sexe qui la couvrent aujourd'hui, et donnent à son être une expression plus touchante. »

La nuit étant déjà avancée, Natalie quitta son nouvel hôte qui ne put sans inquiétude se séparer d'elle. Etait-elle mariée ou libre? Il craignait au moindre bruit de voir une porte s'ouvrir et le mari paraître. Le domestique qui le conduisit à sa chambre était sorti avant qu'il eût eu le courage de l'interroger. Ces tristes réflexions le tinrent long-temps éveillé; il cherchait à rapprocher les traits de l'amazone et ceux de sa nouvelle amie : mais sans pouvoir les identifier : l'image de la première était l'ouvrage de son imagination, il semblait qu'il dût être lui-même l'ouvrage de la seconde.

CHAPITRE V.

Le lendemain matin, quand le repos régnait encore partout, Wilhelm parcourut le château. Jamais édifice plus régulier, plus noble, plus imposant n'avait frappé ses regards. L'art dans sa perfection, se dit il, est donc comme la société des gens de bien, elle nous force par un agréable retour sur nous-même à reconnaître l'harmonie qui doit régner en nous. Les statues et les bustes de son grand père portaient à son ame une impression délicieuse. Il courut avec empressement se placer devant le tableau du jeune prince malade : il le trouvait toujours aussi touchant. Le domestique lui ouvrit aussi d'autres appartemens : il vit une bibliothèque, un cabinet d'histoire naturelle et de physique, objets plus inconnus et plus étrangers. Cependant Félix s'était éveillé et courait après son père. Comment et quand recevrait-il la lettre de Thérèse? Cette pensée l'inquiétait, lui faisait craindre la présence de Mignon, et même celle de Natalie. Que sa position avait été bien différente au moment où il cachetait sa lettre et abandonnait sa destinée à la décision d'une femme si généreuse.

Natalie lui fit annoncer l'heure du déjeûner. Il entra dans une chambre où plusieurs jeunes filles habillées de blanc, et qui paraissaient toutes âgées de dix ans environ, s'occupaient de mettre le couvert, pendant qu'une femme plus âgée préparait différens breuvages.

Wilhelm considérait un portrait placé au-dessus du canapé, qu'il fut obligé de reconnaître, malgré ses doutes pour celui de Natalie. Natalie entra et la ressemblance avait disparu. Pour sa consolation la femme du portrait portait sur son sein la croix d'un ordre, et la même croix brillait sur le sein de son amie.

« J'examinais ce portrait, lui dit-il, et je m'étonnais qu'un peintre pût être à la fois si fidèle et si menteur. Cette image vous ressemble en général, et pourtant ce ne sont ni vos traits, ni votre expression. »

« Il est encore bien surprenant, répondit Natalie, qu'il soit si ressemblant : car ce n'est pas mon portrait, c'est celui de ma tante qui me ressemblait beaucoup lorsque j'étais encore enfant : quand on la peignit elle avait à peu près mon âge, et à la première vue chacun croit me reconnaître. Que n'avez-vous connu cette excellente femme ? Je lui dois beaucoup. Une santé trop délicate, un travail trop assidu sur elle-même, une pratique sévère de morale et de religion, ne lui ont pas permis de se montrer au monde telle qu'elle eut paru dans d'autres circonstances. Elle brilla comme une douce lumière, seulement pour quelques amis et pour moi. »

« Serait-il possible, s'écria Wilhelm, frappé par une foule de coïncidences qui maintenant s'expliquaient à son esprit, serait-il possible que cette ame si belle et si pure, dont j'ai lu moi-même l'histoire, fût votre tante ? »

— « Vous avez donc lu le manuscrit ? »

— « Avec intérêt, avec profit peut-être

pour toute ma vie. Ce qui m'a le plus frappé dans cet écrit, c'est ce que j'oserai nommer la pureté de son existence et de tout ce qui l'entourait : c'est ce beau naturel, toujours égal et toujours pur, incapable d'aucun sentiment, qui pût troubler l'harmonie de son ame bienveillante et généreuse. »

— « Vous êtes plus raisonnable, pour ne pas dire plus équitable, envers cette belle nature, que mainte personne à qui l'on a, comme à vous, communiqué ce manuscrit. L'homme vertueux sait quels rudes combats il eut à soutenir contre les autres et contre lui-même, combien son éducation lui coûta de sacrifice ; il sait combien de fois il oublia ce qu'il devait aux autres pour ne songer qu'à lui-même, combien de fois il se reprocha de n'avoir pas été assez scrupuleux dans sa conduite ; et cependant qu'une personne douée d'un heureux naturel s'asservisse trop scrupuleusement à sa conscience, et s'exagère, pour ainsi dire, il semble que le monde n'ait pour elle aucune indulgence. Ces êtres supérieurs sont au-dehors, ce qu'est le beau idéal au-dedans de nous-mêmes, un type de perfection; on ne peut l'imiter, il faut l'adorer. On rit de la pureté de mœurs des Hollandaises. Mais mon amie Thérèse serait-elle ce qu'elle est, si de pareilles idées ne la dirigeaient dans la conduite de son ménage? »

— « Ainsi je vois devant moi, dans l'amie de Thérèse, cette Natalie sur laquelle cette vertueuse parente portait toutes affections, et qui fut dès sa jeunesse si sensible, si tendre et si compatissante! Un pareil sang pouvait seul produire une ame comme la la vôtre. Quelle perspective s'ouvre devant moi. Je vois d'un seul coup d'œil tous vos parens; je me vois dans le cercle de cette famille qu'honorent vos vertus. »

— « Oui, mais vous pourriez en un sens n'être pas fort bien informé sur mon compte par le manuscrit de ma tante : son amitié pour moi lui faisait dire trop de bien d'un enfant, et quand on parle d'un enfant, ce ce n'est pas de ce qu'il est, mais de ce qu'il fait espérer. »

Wilhelm, rappelant ses souvenirs, connaissait maintenant la naissance de Lothario et sa jeunesse; il voyait la belle comtesse, encore enfant, parée du collier de perles de de sa tante ; il avait vu ces perles de bien près, lorsque ses lèvres amoureuses, se penchaient vers les siennes : il chassa ces beaux souvenirs par des pensées plus sévères. Il passait en revue toutes les nouvelles connaissances qu'il devait au manuscrit. « Je suis donc, dit-il, dans la maison du vénérable oncle de Natalie ? Ce n'est pas une maison, c'est un temple, et vous en êtes la digne prêtresse, vous en êtes la divinité. Ah ! je n'oublierai jamais l'impression que j'éprouvais hier soir, lorsqu'à mon entrée ces figures de marbre, témoins des jeux de mon enfance, reparurent à mes yeux. Je me rappelai la romance de Mignon et les statues compatissantes ; mais celles-ci ne s'affligeaient pas sur mon sort, elles me regardaient d'un œil sévère, et ces regards ne me rappelaient que ma jeunesse. Je retrouve ici, parmi les chefs-d'œuvre des beaux-arts, ces vieux trésors de ma famille, ces objets chéris de mon grand-père ; et moi, dont la nature avait fait le favori de ce bon vieillard, je me trouve moi-même en ces lieux, mais dans quel cercle d'amis, dans quelle société ? L'avais-je mérité ? »

« Puisque je me vois, continua Wilhelm, au sein de votre famille, l'abbé dont parle le manuscrit, est donc le personnage bizarre et inexplicable que j'ai rejoint après les rencontres les plus singulières dans le château de Lothario ? Peut-être pourriez-vous me le faire mieux connaître ? »

« J'aurais beaucoup à vous dire, répondit Natalie, mais ce que je sais le mieux, c'est l'influence qu'il eut sur notre éducation. A cette époque il était convaincu que l'éducation doit se régler sur les penchans naturels : ce qu'il pense aujourd'hui, je ne saurais vous le dire. Il prétendait que le point essentiel pour l'homme était d'agir, mais qu'on ne pouvait agir sans un instinct, sans une impulsion secrète, ni contrefaire les inspirations de la nature. »

— « Comment se fait-il donc, que cet homme étonnant, qui semblait prendre à mon sort tant d'intérêt, m'ait long-temps, je ne dirai pas entraîné, mais affermi dans mes erreurs ? Comment prouvera-t-il que lui et beaucoup d'autres, à ce qu'il paraît, ne se sont pas moqués de moi ? Il me tarde de le savoir. »

« Pour moi, dit Natalie, je n'ai pas lieu de me plaindre de sa manie, ou, si vous voulez, de son système; je suis sortie de l'épreuve plus heureuse que les autres. Je ne vois pas non plus que mon frère Lothario ait pu recevoir une meilleure éducation. La comtesse, ma bonne sœur, demandait peut-être des soins plus délicats; on devait donner plus de force et de sérieux à son caractère. Pour mon frère Frédéric, qui sait ce qu'il deviendra? je crains bien qu'il ne soit la victime de ses expériences pédagogiques. »

— « Vous avez encore un autre frère? »

— « Sans doute, et le frère le plus gai, le plus étourdi! On n'a pu l'empêcher de courir le monde, et je ne sais ce que deviendra le mauvais sujet. Il y a long-temps que je ne l'ai vu, mais ce qui me console, c'est que Lothario, et surtout ses amis, savent régulièrement où il est, et ce qu'il y fait.

Wilhelm, voulait encore interroger Natalie et tirer d'elle quelques explications, tant sur ses idées singulières que sur la société mystérieuse de Lothario, lorsque le médecin, petit homme vif, que le manuscrit nous a déjà fait connaître, entra dans l'appartement et, après le salut d'usage, parla de la maladie de Mignon.

Natalie prenant Félix par la main, sortit pour le conduire à Mignon et la préparer à la présence de son ami.

Le médecin resté seul avec Wilhelm, continua ainsi: « Je vais vous révéler sur cette pauvre fille des secrets que vous n'eussiez jamais soupçonnés. Une passion profonde, voilà le mystère de sa nature; revoir sa patrie, vous aimer, ô mon ami, voilà, si je puis le dire, tout son bonheur sur la terre: mais ce bonheur est toujours loin, toujours plus loin d'elle; ce double objet de ses vœux est sans cesse devant son ame, et son ame ne peut le saisir. Née dans les environs de Milan, elle fut enlevée de bonne heure à ses parens par des sauteurs de cordes. On n'a pu rien savoir de plus précis, soit qu'elle fut alors trop jeune pour indiquer aujourd'hui les lieux et les noms, soit qu'elle veuille rester fidèle au serment qu'elle a fait de ne jamais révéler à un homme vivant le lieu de sa naissance et le nom de ses parens. Lorsque ces misérables la trouvèrent égarée, et que leur décrivant avec soin la demeure de sa famille, elle les pria en pleurant de la reconduire à la maison, ils l'emmenèrent toujours plus loin ; le soir dans les auberges, la croyant endormie, ils se félicitaient en riant de leur bonne prise, et juraient bien qu'elle ne retrouverait jamais son chemin. La pauvre créature tomba dans un affreux désespoir, et vit dans son délire la mère de Dieu qui lui promettait son assistance. Elle jura dès-lors par le ciel de ne jamais se confier à personne, de ne jamais raconter son histoire, mais de vivre et de mourir dans l'espoir de la protection divine. Ce que je vous rapporte en ce moment, elle ne l'a pas révélé expressément à Natalie; notre digne amie a rassemblé ces conjectures dans quelques mots, dans ses chants, et d'après quelques indiscrétions naturelles aux enfans qui trahissent leur secret par l'envie même de le cacher.

Wilhelm s'expliquait maintenant tel chant, telle parole de Mignon. Il pria instamment son ami de ne rien lui taire, de lui découvrir tout ce qu'il savait des chants et des aveux de la jeune fille.

« Préparez-vous, dit le médecin, aux aveux les plus surprenans, au récit d'une histoire où vous jouez à votre insçu le plus grand rôle, et qui va, je le crains bien, décider de la vie ou de la mort de cette bonne créature. »

— « Ah! parlez! je brûle de vous entendre. »

— « Vous souvenez-vous de la visite mystérieuse d'une femme, pendant la nuit, après la représentation de Hamlet. »

« Oui je me la rappelle, dit Wilhelm en rougissant, mais je ne croyais pas qu'on dût me la rappeler en ce moment. »

— « Savez-vous qu'elle était cette femme? »

— « Non! vous m'effrayez. Pour l'amour du ciel ce n'était pas Mignon? dites-moi qui c'était. »

— « Je ne le sais pas moi-même. »

— « Ainsi ce n'était pas Mignon? »

— « Non, sans doute, mais Mignon était sur le point de se glisser près de vous, et vit avec horreur de sa retraite qu'une rivale l'avait prévenue. »

— « Une rivale ! continuez, vous m'avez confondu. »

— « Félicitez-vous de pouvoir apprendre si vite le résultat de nos recherches. Natalie et moi qui ne prenions pourtant à sa situation qu'un intérêt éloigné, que n'avons-nous pas souffert avant d'avoir pu connaître les souffrances de cette bonne créature que nous voulions secourir. Les propos lascifs de Philine et des autres actrices, une certaine chanson avaient éveillé son attention : elle conçut avec transport l'idée de passer une nuit près de son bien-aimé, sans imaginer d'autre bonheur qu'un repos plus doux sur le sein d'un ami. Son amour pour vous, mon ami, avait déjà pris le caractère d'une passion violente, elle avait souvent reposé sa douleur dans vos bras, et c'est là le bonheur qu'elle voulait goûter dans toute sa plénitude.

« Tantôt elle se proposait d'obtenir de vous cette grâce par ses caresses, tantôt une terreur secrète la retenait. Enfin la soirée passée dans les plaisirs, le vin qu'elle avait bu sans modération lui donnèrent le courage de tenter cette entreprise hardie et de se glisser cette nuit là près de vous. Elle avait déjà pris les devans pour se cacher dans votre chambre entre-ouverte; mais lorsqu'elle fut arrivée à la porte, elle entendit du bruit, se cacha, et vit une femme vêtue de blanc se glisser dans votre chambre. Après votre arrivée, elle entendit fermer les verroux.

Mignon souffrit des tourmens inouis : toutes les souffrances d'une violente jalousie, se mêlant aux vagues désirs d'un bonheur inconnu, accablaient cette pauvre créature trop faible encore pour la passion comme pour la douleur. Son cœur qui jusques-là battait si vivement dans l'attente de ce qu'elle désirait, s'arrêta tout-à-coup et pesa dans son sein comme un poids de fer; elle ne pouvait ni respirer, ni se soulager. Elle entendit la harpe du vieillard, courut à lui par le toit, et passa la nuit à ses pieds, agitée d'affreuses convulsions.

Natalie m'assurait qu'aucun spectacle dans sa vie n'avait été pour elle aussi terrible et aussi déchirant que l'état de Mignon à ce récit. Oui, notre amie se reprochait d'avoir arraché cet aveu par ses questions et ses instances, et renouvelé ses souffrances par ces douloureux souvenirs.

» Cette bonne créature, me disait Natalie, fut à peine arrivée à cet endroit de son récit ou plutôt de ses réponses à mes questions pressantes, qu'elle se jeta tout-à-coup devant moi, et se plaignit en portant la main à son cœur que la douleur revenait comme à cette nuit affreuse. Elle se roulait par terre comme un ver, et je pus à peine conserver assez de sang-froid pour me souvenir et faire usage des secours que je connaissais en pareil cas pour le soulagement du corps et de l'esprit. »

« Dans qu'elle affreuse position vous me mettez, dit Wilhelm. C'est quand je vais paraître devant cette chère créature que vous me faites si vivement sentir toute mon injustice envers elle. Si je dois la voir, pourquoi m'ôter le courage de l'aborder avec calme ? Et vous l'avouerai-je, dans ses dispositions actuelles, je ne vois pas comment ma présence lui serait salutaire. Si vous êtes convaincu comme médecin, que ces deux passions l'ont trainée au bord de la tombe, et que son heure approche, pourquoi par ma présence renouveler ses souffrances et peut-être hâter sa mort? »

« Mon ami, répondit le médecin, quand nous ne pouvons plus secourir, nous devons encore des consolations, et souvent la présence d'un objet aimé ôte à l'imagination la force qui détruisait le corps, la passion fait place au plaisir plus calme de contempler des traits chéris : j'en ai mille exemple frappans. Mais usez de modération : car cette présence pourrait aussi rallumer la passion qui s'éteint. Voyez cette bonne fille, soyez avec elle doux et caressant, et nous attendrons le résultat. »

Natalie revint dans ce moment et pria Wilhelm de la suivre près de Mignon. « Elle semble heureuse, dit-elle, d'être avec Félix, et j'espère qu'elle recevra bien son ami. » Wilhelm ne la suivit pas sans quelque répugnance; ému profondément de ce qu'il avait appris, il craignait une scène déchirante. Il fut surpris en entrant de voir le contraire.

Couverte d'une longue robe blanche, parée de ses beaux cheveux bruns et bouclés, dont une partie tombait sur ses épaules, Mignon était assise, tenant l'enfant de Wilhelm dans ses bras et le pressait sur son cœur. On eut dit une ame dégagée de ses liens terrestres: Félix près d'elle représentait la vie, et l'on croyait voir les embrassemens du ciel et de la terre. Elle tendit la main à Wilhelm : « je te remercie, dit-elle, de m'avoir ramené ton enfant, ils me l'avaient enlevé, Dieu sait pourquoi, et depuis je ne pouvais plus vivre. Aussi long-temps que mon cœur aura besoin de quelque chose sur la terre, c'est lui qui remplira le vide. »

Ce paisible accueil causa beaucoup de joie aux amis de Mignon. Le médecin désira que Wilhelm la vît souvent et qu'on maintînt son corps et son esprit dans un équilibre salutaire. Il s'éloigna aussitôt et promit de revenir sous peu de jours.

Wilhelm pouvait maintenant considérer Natalie dans le cercle de ses occupations; on n'eut pas désiré d'autre bonheur que de vivre près d'elle; sa présence seule exerçait une influence de vertu sur les jeunes filles, sur les femmes de tout âge qui demeuraient au château ou qui, logées dans le voisinage, lui rendaient des visites plus ou moins fréquentes.

« Le cours de votre vie, lui dit-il un jour, fut donc toujours égal ? Car le portrait que fait votre tante de Natalie enfant, semble aujourd'hui n'avoir rien perdu de sa ressemblance. On le sent en vous voyant, jamais vous n'avez chancelé, jamais vous n'avez été forcée de revenir sur vos pas. »

« Je le dois, répondit-elle à mon oncle et à l'abbé qui surent si bien juger mes qualités. Je n'ai dans mon enfance éprouvé qu'une seule impression vive dont il me souvienne, c'est qu'en voyant partout les hommes souffrir, je sentais un désir invincible de les soulager. L'enfant qui ne pouvait encore se tenir sur ses pieds, le vieillard qui chancelait déjà, la famille opulente qui désirait des enfans, la famille pauvre qui n'avait pas de quoi nourrir les siens, le malheureux qui voulait un métier et n'osait parler, d'autres qui se sentaient une foule de petits talens sans moyens de les exercer : je découvrais tout sans qu'on m'avertît : mais j'étais née pour faire ces découvertes.

Insensible aux charmes de la nature inanimée, objet d'une vive passion pour tant d'hommes, presque insensible aux charmes des beaux arts, ma seule jouissance était comme aujourd'hui d'inventer pour les souffrances et les besoins des hommes des remèdes et des secours.

Si je voyais un pauvre couvert de haillons, je pensais à tant d'habits inutiles suspendus dans nos gardes-robes : si je voyais des enfans dépérir de négligence et de malpropreté, je me rappelais telle ou telle dame stérile, dont j'avais remarqué les ennuis au milieu du luxe et de la richesse : si je voyais de pauvres créatures entassées dans d'étroites cabanes, j'aurais voulu que tant de chambres vides dans les châteaux et les palais s'ouvrissent pour les recevoir. Cette manière de voir m'était naturelle et précédait la réflexion : encore enfant, j'étais pour la scène du monde un singulier spectateur, et plus d'une fois mes étranges questions embarrassèrent les hommes. Une autre bizarrerie, c'est que je ne m'habituai que fort tard et avec peine à regarder l'argent comme un moyen de pourvoir à nos besoins ; tous mes bienfaits consistaient en nature, et je sais qu'on riait à mes dépens. L'abbé seul semblait me comprendre, venait partout à ma rencontre, m'éclairait sur moi-même, sur mes penchans, sur mes désirs, et m'apprenait à les satisfaire. »

— « Auriez-vous adopté, dans l'éducation de votre petite société, le système de ces hommes bizarres? Laissez-vous à la nature le soin de se former elle-même ? Laissez-vous aussi vos jeunes filles chercher leur chemin et se tromper, se méprendre, arriver au but, se perdre ou s'égarer, selon qu'il plaît à la fortune? »

— « Non, cette manière de traiter les enfans serait entièrement contraire à mes opinions. Selon moi, celui-là n'aide jamais qui n'aide pas dans le besoin, ne conseille jamais qui ne conseille pas dans l'embarras. Il me semble également nécessaire d'imposer et d'inculquer aux enfans certaines lois qui donnent à la vie plus de consistance. Oui, je serais presque tentée de soutenir qu'il vaut mieux s'égarer en suivant les règles que de s'égarer en s'abandonnant aux impulsions d'une nature capricieuse; et tels que je connais les hommes, il y a je crois dans leur nature un vide qu'une loi positive peut seule remplir. »

— « Ainsi votre méthode diffère en tous points des principes de vos amis ! »

— « Sans doute ; mais admirez leur tolérance incroyable ; ils se gardent bien de jamais contrarier mes démarches, parce que je suis, disent-ils, sur mon chemin ; ils ont même l'attention de prévenir tous mes désirs. »

Au milieu de ces entretiens, Mignon de-demandait souvent à être admise en tiers dans la société de ses deux amis, et cette grâce lui était d'autant plus facilement accordée que son cœur semblait de jour en jour s'habituer à Wilhelm, s'épanouir en sa présence, et devenir plus calme et plus serein. A la promenade, fatiguée dès le premier tour, elle aimait à s'appuyer sur son bras. « Maintenant, disait-elle, Mignon ne grimpe plus, ne saute plus, mais elle voudrait bien encore se promener bien loin sur le sommet des montagnes, et s'élancer d'une maison sur la maison voisine, d'un arbre sur l'autre. Que les oiseaux sont heureux ! Ils bâtissent si bien leur nid et avec tant de confiance ! »

Mignon se fit une habitude d'inviter son ami plusieurs fois dans le jour à venir au jardin. Si elle ne le trouvait pas, ou si elle le trouvait occupé, Félix était forcé de prendre sa place : la bonne fille qui parfois paraissait déjà dégagée de ses liens terrestres, semblait parfois rattacher fortement sa vie à Wilhelm et à son enfant, et n'envisager qu'avec horreur la mort qui les séparait.

Natalie devenait pensive. « Nous avions espéré, disait-elle, que votre présence pourrait ranimer la pauvre Mignon : je ne sais si nous avons bien fait. » Elle se taisait comme pour attendre une réponse. Wilhelm fit la triste réflexion que son alliance avec Thérèse, au milieu de pareilles circonstances devait porter à Mignon le dernier coup : mais il se rassurait dans son ignorance par la résolution de ne faire connaître à personne ses premières démarches; il ne se doutait pas qu'elles fussent connues de Natalie.

Wilhelm se sentait aussi peu de courage à continuer l'entretien, lorsque sa généreuse amie lui parlait de sa sœur, vantait ses vertus et plaignait sa situation ; mais il perdit contenance quand Natalie lui annonça qu'il verrait bientôt la comtesse au château. « Son mari, lui dit-elle, n'a plus qu'un projet en tête, c'est de remplacer notre oncle dans la communauté, de protéger et de propager par son activité et sa vigilance cette grande institution : il vient avec sa femme prendre pour ainsi dire congé de nous, puis il visitera les différens chefs-lieux de l'établissement : on le traite partout selon ses désirs, et je crois même qu'il va risquer avec ma pauvre sœur un voyage en Amérique, pour ressembler en tout à son prédécesseur ; déjà convaincu qu'il a presque toutes les qualités d'un saint, il doit parfois se sentir l'ambition de couronner sa tête de l'auréole du martyre. »

CHAPITRE VI.

On avait souvent parlé de Thérèse, mais toujours en passant, et chaque fois Wilhelm avait été sur le point d'avouer à sa nouvelle amie qu'il venait d'offrir à cette excellente femme son cœur et sa main. Un certain sentiment qu'il ne pouvait s'expliquer, arrêtait cet aveu sur ses lèvres : enfin Natalie elle-même lui dit un jour avec un sourire angélique, avec cette douce modestie toujours peinte sur son visage : « Il faut bien que je rompe ce silence obstiné, et que j'entre de force dans votre confidence. Pourquoi, mon ami, me faites-vous un mystère d'une affaire qui a pour vous tant d'importance et pour moi tant d'intérêt? Vous avez offert votre main à Thérèse : et ne croyez pas que j'agisse sans mission ; voici mes lettres de créance. Voici ce que Thérèse vous écrit et me charge de vous remettre. »

— « Une lettre de Thérèse ? »

— « Oui, Monsieur, et votre sort est décidé, vous êtes heureux. Acceptez mes vœux pour votre bonheur et celui de votre amie. »

Wilhelm se tut et baissa les yeux : Natalie remarqua tout-à-coup sa pâleur. « Votre joie est excessive, dit-elle, elle a tous les effets de la frayeur et vous ôte l'usage de la parole. Ma satisfaction n'est pas moins sincère que la vôtre, quoique je puisse encore parler. J'espère que vous serez reconnaissant; car je dois vous dire que j'ai puissamment influé sur la résolution de Thérèse. Elle me consulta : par un heureux hasard vous étiez mon hôte, je pus vous connaître, je dissipai sans peine quelques légers doutes qui l'arrêtaient encore, les courriers se succédèrent rapidement, et voici sa réponse, voici le dénouement ! Lisez maintenant toutes ses lettres. Lisez, heureux mortel, dans le cœur de votre fiancée. »

Wilhelm ouvrit la lettre qu'elle lui présentait encore cachetée, et lut ce qui suit :

« Je suis à vous telle que je suis et telle

que vous me connaissez : vous êtes à moi, tel que je vous connais. Si le mariage change nos cœurs et nos relations, avec de la raison, du courage et de la bonne volonté, nous saurons remplir nos devoirs. Ce n'est point la passion, c'est la confiance et l'amitié qui nous unissent; nous risquons moins que les autres. Vous me pardonnerez sans doute un souvenir accordé parfois à mon premier ami, je veux en revanche être la mère de votre fils et le presser sur mon sein. Si vous voulez partager dès ce jour ma modeste demeure, vous en êtes le seigneur et le maître, en attendant l'acquisition de votre nouvelle propriété. Je désirerais qu'on n'y fît aucune disposition nouvelle sans mon conseil, afin de vous prouver combien je suis digne de la confiance que vous m'accordez.

» Adieu, mon tendre ami, mon cher fiancé, mon noble époux! Natalie vous dira le reste et vous dira tout. »

Wilhelm qui venait de reconnaître dans cette lettre, comme dans un portrait les traits chéris de sa Thérèse, se remit de son trouble et se reconnut lui-même. Pendant cette lecture, les pensées les plus rapides se pressaient dans son ame. Il y sentit avec effroi les premiers mouvemens d'une amitié trop vive pour Natalie, se reprocha son extravagance, se représenta Thérèse dans toutes ses perfections, lut encore une fois sa lettre et fut joyeux, ou du moins fit tant d'efforts qu'il parut l'être. Natalie lui lut toute sa correspondance avec sa fiancée.

— « Mais que diront nos amis, lui dit-elle ? »

— « Votre frère ne sait-il rien de ce mariage ? »

— « Pas plus que vos parens : deux femmes ont seules conduit cette affaire. Je ne sais quelles visions troublent la tête de Thérèse. Lydie lui a sans doute inspiré des soupçons contre certaine association et certains plans dont je connais l'existence sans en avoir jamais sondé le mystère, et dans une démarche d'où dépandait le bonheur de sa vie, elle n'a voulu soumettre ses volontés qu'à ma seule influence. C'était depuis long-temps une convention entre elle et mon frère qu'ils s'annonceraient mutuellement leur mariage, sans jamais se consulter à cette occasion. »

Natalie écrivit une lettre à Lothario et pria Wilhelm d'y joindre un mot de sa main, selon le désir de Thérèse. On allait cacheter la lettre, lorsque tout-à-coup Jarno se fit annoncer. Il lui firent un aimable accueil et de son côté le nouveau-venu, plus vif et plus cordial qu'à l'ordinaire, s'écria dans un excès de joie : « Je viens vous annoncer une nouvelle fort surprenante, mais qui vous plaira beaucoup : il s'agit de notre chère Thérèse. Vous nous avez souvent reproché, belle Natalie, de nous donner des peines inutiles; mais voyez comme il est bon d'avoir partout ses espions. Devinez et faites-nous juger une fois de votre sagacité. »

Il était si content de lui-même en prononçant ces derniers mots, il lançait sur Wilhelm et sur Natalie des regards si malins que tous deux furent convaincus qu'on avait découvert leur secret. Natalie répondit en riant : « Nous sommes plus fins que vous ne pensez, et avant votre défi nous avions déjà mis sur ce papier le mot de l'énigme. »

Elle lui présenta la lettre qu'elle venait d'écrire à Lothario, fière de pouvoir riposter aussi vivement à la petite surprise qu'on leur préparait. Jarno prit le papier, le parcourut, le laissa tomber de ses mains et les regarda tous deux avec de grands yeux, avec une expression de surprise et même d'effroi, qu'on ne voyait pas souvent sur son visage.

Wilhelm et Natalie demeuraient interdits. Jarno parcourait la chambre à grands pas. Que faut-il dire? s'écria-t-il, et dois-je parler? Non, plus de secret, c'est un embarras qu'on ne saurait éviter. Ainsi secret pour secret, surprise pour surprise. Thérèse n'est pas la fille de sa mère, et je viens ici vous prier de préparer cette vertueuse fille à son mariage avec Lothario. »

Jarno vit que ses deux amis terrassés par la puissance de ses paroles, n'osaient lever les yeux. « En pareil cas, dit-il, toute compagnie est insupportable, l'on fait beaucoup mieux ses réflexions dans la solitude, et je demande pour mon compte un congé d'une heure. » Il courut dans le jardin où Wilhelm le suivit machinalement à quelque distance.

Après une heure de promenade ils se rejoignirent. Wilhelm prit la parole : « Quand je vivais, dit-il, sans but et sans plan comme un étourdi, l'amitié, l'amour, la confiance m'ouvraient les bras et prévenaient mes désirs; aujourd'hui que je suis sage, le destin semble adopter avec moi le système contraire. La résolution d'offrir ma main à Thérèse était mon début, et c'est peut-être ce que j'ai fait de mieux sans consulter personne. J'arrange mon plan avec de profondes réflexions, je délibère avec ma raison qui m'approuve, j'obtiens le consentement de cette bonne Thérèse qui remplit tous mes vœux, et quand j'ouvre les bras pour saisir le bonheur, l'histoire la plus singulière vient m'arrêter! Thérèse m'offre sa main de loin comme dans un songe, je ne puis la saisir et cette belle image disparaît pour toujours.

» Adieu donc beau fantôme! adieu! rêves de bonheur qui déjà voltigiez autour de moi. »

Il se tut quelques momens et Jarno voulut profiter de la pause. « Laissez-moi finir, reprit Wilhelm, puisque d'un seul mot va dépendre toute ma vie. Je me rappelle à propos l'impression que fit Lothario sur mon âme à notre première entrevue; elle ne s'est point effacée. Un homme comme lui mérite tous les sentimens de l'amitié la plus forte, et il n'est point d'amitié sans sacrifices : pour lui j'ai pu tromper l'infortunée Lydie; pour lui je pourrai renoncer à la meilleure des femmes. Allez, racontez-lui l'aventure, et dites ma résolution. »

« En pareil cas, répondit Jarno, c'est avoir tout fait, selon moi que de ne rien faire sans précipitation. Ne décidons rien sans l'assentiment de Lothario. Je cours le rejoindre, attendez tranquillement mon retour ou sa lettre. »

Il partit et laissa ses deux amis dans la plus grande consternation. Ils eurent le temps de faire plus d'une réflexion sur leur mésaventure, et de se communiquer leurs pensées! Leur première idée fut que tenant de Jarno seul une découverte aussi singulière, ils auraient dû lui demander un récit plus détaillé. Wilhelm voulait même avoir quelque raison de douter; mais quel fut leur surprise et leur trouble lorsque le lendemain un exprès de Thérèse apporta pour Natalie la lettre suivante :

« Tu me trouveras bizarre, sans doute, mais je suis forcée de t'écrire lettre sur lettre, pour te prier de m'envoyer ausssitôt mon fiancé. Il sera mon époux malgré toutes leurs intrigues pour me l'enlever. Remets-lui la lettre ci-jointe, mais sans aucun témoin, quel qu'il puisse être. »

La lettre à Wilhelm était ainsi conçue : « Qu'allez-vous penser de Thérèse, si tout-à-coup elle presse avec toute la chaleur de la passion une alliance qui semblait d'abord concertée par la raison la plus calme. Dès que vous aurez lu ces mots, partez et que rien ne vous retienne. Venez à moi. mon ami, mon tendre ami, qui m'êtes plus cher depuis qu'ils veulent me ravir mon bien ou du moins troubler ma possession. »

« Que dois-je faire, s'écria Wilhelm. »

« Jamais, répondit Natalie, mon cœur et mon esprit ne furent si muets ; je ne puis ni agir, ni conseiller. »

« Serait-il possible, s'écria Wilhelm brusquement, que Lothario lui-même ne fût point averti de ces menées, ou qu'il fût comme nous le jouet d'une intrigue? Jarno après avoir lu notre lettre, a-t-il improvisé cette fable? Nous eût-il appris un autre secret, si nous n'avions été si prompts à dire le nôtre? Que veulent-ils? quels sont leurs projets? Thérèse ne parle-t-elle pas d'une intrigue? Il n'en faut plus douter, Lothario est entouré d'une société mystérieuse, de manœuvres secrètes, et je sais par moi-même qu'on s'agite, qu'on se remue dans l'ombre pour connaître et gouverner la conduite et la destinée de plusieurs personnes. Où tendent ces intrigues, je n'en sais rien, mais je vois trop clairement leur nouveau projet de m'enlever Thérèse. Ils m'offrent d'un côté le bonheur de Lothario, pour m'éblouir peut-être; de l'autre ma bien-aimée m'appelle sur son sein. Quel parti prendre? »

« Un peu de patience, dit Natalie, un peu de réflexion. Dans une situation aussi délicate, ne nous hâtons pas d'agir, quand le repentir serait inutile. Opposons à leurs fables, à leurs plans adroits la sagesse et la prudence, et nous connaîtrons bientôt le mensonge ou la vérité. S'il est vrai que mon frère ait l'espoir de s'unir à Thérèse, il serait cruel de les séparer pour jamais, puisqu'elle l'aime si tendrement. Apprenons d'abord ce qu'il sait lui-même, ce qu'il croit, et ce qu'il espère. »

Une lettre de Lothario vint à propos à l'appui de ses conseils.

« Je ne te renvoie pas Jarno, écrivait-
» il, un mot de ma main t'en dira plus que
» les périodes d'un ambassadeur. Je suis
» convaincu que Thérèse n'est point la fille
» de sa mère, et je ne puis renoncer à l'es-
» poir de la posséder avant qu'elle même,
» instruite de la vérité, n'ait prononcé li-
» brement entre Wilhelm et moi. Je t'en
» conjure ne perds pas de vue ton jeune
» ami. Il y va du bonheur et de la vie de
» ton frère. Je te promets que cette pénible
» incertitude ne durera pas long-temps. »

« Vous voyez à quel point en sont les choses, dit Natalie à Wilhelm d'une voix douce et affectueuse : donnez-moi votre parole de ne point sortir du château. »

« Je vous la donne, répondit celui-ci, en lui tendant la main. Je ne vous quitterai point malgré vous. Dieu soit loué et mon bon génie qui me mettent cette fois sous votre tutelle !

— « Je me fie à votre honneur, vous resterez mon prisonnier. Songez bien que vous avez dans vos mains le bonheur de mon frère, ma vie. Mon existence est si étroitement unie à celle de Lothario, si fortement enracinée dans la sienne, qu'il n'a point de chagrin dont je ne sois triste, point de bonheur dont je ne sois heureuse.

« Oui, je puis le dire, Lothario seul m'a fait sentir que l'ame pouvait s'attendrir et s'exalter, qu'il y avait dans le monde, une joie, un amour, un sentiment qui remplit le cœur, et suffit à tous ses besoins. »

Natalie s'arrêta : « Oh ! continuez, dit Wilhelm en lui prenant la main, jamais nous n'avons eu plus besoin d'une confiance réciproque, jamais il ne nous fut si nécessaire de mieux nous connaître. »

« Oui, mon ami, dit-elle en riant, avec une dignité douce et paisible, c'est ici peut-être le moment de vous le dire, tout ce que le monde et les livres nous présentent sous le nom d'amour, ne ma jamais paru qu'une chimère. »

— « Vous n'avez jamais aimé ? »
— « Jamais ou toujours. »

CHAPITRE VII.

Pendant ces entretiens ils avaient parcouru les longues allées du jardin ; Natalie avait cueilli des fleurs d'une forme rare et inconnue à Wilhelm, qui voulut en connaître les noms.

« Vous ne soupçonnez guère, lui dit-elle, pour qui je fais ce bouquet. Il est pour mon oncle à qui nous allons faire une visite. Le soleil lance tout l'éclat de ses rayons sur la salle du passé, c'est le moment de vous y conduire, et je n'y vais jamais sans porter à mon oncle quelques-unes de ses fleurs favorites. C'était un homme singulier et bizarre dans ses goûts. Il avait pour telle espèce de plantes, d'animaux, pour certains hommes et certaines contrées, pour quelques formes d'architecture, une prédilection prononcée qu'on ne pouvait souvent comprendre. Si, dès ma jeunesse, avait-il coutume de dire, je n'avais combattu moi-même, si je m'étais efforcé d'étendre mon esprit sur le monde et sur les êtres, j'aurais été l'homme le plus égoïste et le plus insupportable. Quoi de plus odieux en effet qu'une existence isolée dans l'homme dont la société peut exiger une noble et généreuse activité. Heureuse Natalie! sa nature au moins ne lui demande rien qui ne soit conforme aux désirs et aux besoins de l'humanité. »

Quand Natalie prononça ces derniers mots, ils venaient d'arriver près du principal corps de bâtiment. Elle le conduisit par un long corridor devant une porte gardée par deux sphinx de granit. La porte était de forme égyptienne, un peu plus étroite dans la partie supérieure; ses larges battans de bronze faisaient prévoir dans l'intérieur un spectacle imposant et majestueux.

O surprise agréable! A cette attente religieuse succédait une joie pure et sans trouble, lorsqu'on entrait dans une salle où l'art et la vie faisaient oublier la mort et masquaient le tombeau. Sous de larges arcades pratiquées avec symétrie dans la longueur du mur, on voyait de grands sarcophages, et dans les piliers qui les séparaient de petites ouvertures ornées d'urnes et de vases funéraires. Toute la surface du mur et de la voûte que des bordures, des guirlandes et des festons dessinés avec délicatesse et variété, divisaient en parties régulières, en cadres plus ou moins larges, on avait peint des sujets allégoriques et de riantes images. Les différentes pièces d'architecture étaient plaquées d'un beau marbre jaune, tirant sur le rouge, des bandes d'un bleu clair, d'une composition chimique imitaient heureusement l'azur, et en charmant les yeux par le contraste des couleurs, donnaient encore aux divers ornemens plus d'ensemble et d'unité. Cette pompe et cette élégance, unies aux plus belles proportions de l'architecture élevaient le spectateur au-dessus de lui-même, et l'harmonie de l'art lui faisait sentir, dés le premier pas, ce qu'il doit être. En face de la porte, sur un pompeux sarcophage, une statue de marbre représentait un homme d'une figure vénérable appuyé sur un coussin. Il tenait dans ses mains un rouleau de parchemin sur lequel ses regards s'arrêtaient avec une sérieuse attention. On pouvait y lire ces mots: *Songe à vivre.*

Natalie ôta les fleurs fanées de la veille, et mit son nouveau bouquet devant l'image de son oncle : car c'était lui qu'on avait représenté, et Wilhelm crut se rappeler les traits du vieillard qu'il avait vu dans la forêt. Nous avons passé, dit Natalie, bien des jours dans cette salle pendant sa construction. Dans ses dernières années mon oncle avait appelé près de lui des artistes fameux, et sa plus douce occupation était de les aider lui-même à tracer les dessins, les plans et la symétrie des peintures que vous voyez. »

Wilhelm ne pouvait se lasser de contempler les objets dont il était environné. Quelle vie ! s'écria-t-il, dans cette salle du passé ! On pourrait aussi bien l'appeler la salle du présent et de l'avenir. Tel fut le monde et tel il doit être. Rien ne passe que le spectateur qui jouit de ces merveilles. Cette image d'une mère qui presse son enfant sur son cœur, doit survivre à de longues générations de mères heureuses : après des siècles peut-être un père doit considérer avec joie cet homme à la longue barbe, qui déride son front sévère et folâtre avec son fils. Ainsi, dans tous les temps, la fiancée, belle de pudeur, assise à l'écart et cachant ses désirs, voudra qu'on la rassure et qu'on la console : ainsi le fiancé dans son impatience écoutera sur le seuil s'il est temps d'entrer. »

Les yeux de Wilhelm erraient sur ces images délicieuses. Depuis l'instinct joyeux de l'enfance qui exerce et développe en jouant ses membres délicats, jusqu'à la gravité paisible du sage détaché des choses humaines, on pouvait voir, dans une suite de tableaux vivans, l'homme usant de toutes les facultés qu'il a reçues de la nature. Ici le tendre amour de soi-même; la jeune fille retirant lentement sa cruche d'une eau limpide pour avoir le temps d'y contempler son image : plus loin, les grandes solemnités de la terre, les rois et les peuples, appelant sur les autels les dieux témoins de leur alliance.

Un nouveau monde, un nouveau ciel entouraient le spectateur. Outre les pensées et les sentimens que réveillaient ces tableaux, une puissance secrète semblait encore saisir et subjuguer l'homme. Wilhelm sentit cette impression sans pouvoir se l'expliquer! « Qu'y a-t-il donc, s'écria-t-il, au-delà de ces allégories, au-delà de cette sympathie qu'on éprouve pour la destinée des hommes? quel charme doux et puissant agit sur mon ame? De l'ensemble et de chaque partie sort une impression que je ne puis ni comprendre, ni saisir en moi-même. Quelle magie dans ces surfaces, dans ces lignes, dans ces figures longues ou larges, dans ces mesures et ces couleurs? Oui, je le sens, on pourrait s'arrêter ici, s'y reposer, contempler ces objets, et les oublier dans une heureuse extase pour les pensées et les sentimens qu'ils inspirent. »

Il y avait dans les coins de la salle quatre grands candelabres de marbre, et quatre plus petits dans le milieu entouraient un sarcophage d'un travail élégant qui semblait destiné à contenir une jeune personne de moyenne taille.

Natalie s'arrêta près de ce monument, et dit en y posant la main : « Mon oncle avait une prédilection particulière pour ce chef-d'œuvre de la sculpture antique. Il disait souvent : ce ne sont pas seulement les fleurs qui tombent, mais aussi les fruits qui pendus à la branche, nous ont flattés long-temps d'un doux espoir : le ver qui les ronge intérieurement les fait trop tôt mûrir et tomber. Je crains bien qu'il n'ait prophétisé sur la bonne fille qui tous les jours échappe à notre tendre sollicitude, et semble s'incliner vers cette paisible demeure. »

Ils allaient sortir : « J'ai quelque chose encore à vous faire remarquer, dit Natalie. Voyez là-haut, des deux côtés, ces ouvertures ovales. C'est là que les chanteurs peuvent se cacher, et ces ornemens de bronze sous le cintre servent à soutenir les rideaux qu'on doit y suspendre, d'après la volonté de mon oncle, aux jour des funérailles. Il ne pouvait vivre sans musique, surtout sans chant, et par une manie singulière, il ne voulait pas voir les chanteurs. Le théâtre, avait-il coutume de dire, nous donne de mauvaises habitudes : la musique n'est là que pour les yeux, elle accompagne le mouvement et non la pensée, dans les oratorio et dans les concerts, la figure du musicien nous trouble sans cesse. La vraie musique est toute pour l'oreille, un accord pur et soutenu est le plus bel ensemble que l'on puisse sentir, et l'individu qui le produit, détruit en se montrant à nos yeux la pureté de cet ensemble. Celui qui me parle doit se montrer ; c'est un seul homme, sa figure et son caractère me feront approuver ou rejeter ce qu'il dit. Celui qui chante pour moi, doit se cacher ; son aspect gâterait mes impressions ou leur donnerait le change. C'est ici le langage d'un organe avec l'organe, et non de l'ame avec l'ame, de l'univers avec les yeux, du ciel avec l'homme. Pour la musique instrumentale, il voulait également que l'on cachât l'orchestre autant qu'il serait possible, parce qu'on est toujours distrait et troublé par les mouvemens mécaniques, par les gestes contraints et grotesques des musiciens. En conséquence il écoutait toujours la musique les yeux fermés pour concentrer toutes ses facultés dans la seule jouissance de l'oreille. »

Au moment de quitter la salle ils entendent les enfans courir de toutes leurs forces dans le corridor, et Félix s'écrier : non, c'est moi, c'est moi !

Mignon la première s'élance dans la salle, essoufflée, et ne pouvant dire un mot : à quelque distance, Félix paraît et s'écrie : Maman Thérèse est là. Les enfans avaient fait une gageure à qui porterait le premier la nouvelle. Mignon s'était jetée dans les bras de Wilhelm, et son cœur battait avec force.

« Méchante fille, lui dit Natalie, ne t'avait-on pas défendu tout mouvement violent? vois comme ton cœur bat! »

« Qu'il se brise, répondit Mignon avec un profond soupir : il bat trop long-temps. »

On s'était à peine remis de l'émotion et du trouble qu'avait causé leur arrivée, que Thérèse entra dans la salle. Elle s'élance et serre dans ses bras Natalie et la bonne Mignon. Puis elle se tourna vers Wilhelm, et lui dit en fixant sur lui ses grands yeux clairs : « Eh bien, mon ami, vous n'avez donc pas été leur dupe? Il fait un pas vers elle ; elle le prévient et se jette à son cou. »

« O ma Thérèse, s'écrie Wilhelm. »

«O mon ami! mon bien aimé! mon époux! oui, je suis à toi, répond-elle, en l'embrassant avec une vive tendresse. »

Félix la tirait par la robe : maman Thérèse, je suis aussi là. Natalie restait immobile et baissait les yeux. Tout-à-coup Mignon porta la main gauche à son cœur, tendit le bras droit avec un mouvement convulsif, et poussant un cri, tomba comme morte aux pieds de Natalie.

Affreux spectacle! on ne sent plus de cœur battre dans le sein de Mignon. Wilhelm la prend dans ses bras, l'emporte hors de la salle, et les membres roidis flottent sur ses épaules. La présence du médecin donnait un peu d'espoir: mais il épuisa vainement toutes les ressources de son art : on ne put rappeler à la vie cette aimable créature.

Natalie fit signe à Thérèse: celle-ci prit Wilhelm par la main, et l'entraîna hors de la chambre. Il s'assit près d'elle sur le canapé, où le premier jour de son arrivée, il avait revu Natalie. De rapides souvenirs se mêlaient dans son esprit aux pensées du présent, ou plutôt il ne pensait point, il laissait agir sur son ame les sentimens qu'il n'en pouvait chasser. Il y a des momens de la vie où les événemens se précipitent, comme la navette échappée de nos mains, qui court çà et là sans s'arrêter et forme un tissu dont nous avons plus au moins préparé les fils et les nuances. « Mon ami, mon bien-aimé, dit Thérèse qui rompit le silence et prit la main de Wilhelm; c'est maintenant qu'il faut nous tenir serrés, comme nous le ferons trop souvent peut-être, dans de pareils malheurs. Elle l'embrassa et le tira doucement sur son sein. La pauvre fille, s'écria Wilhelm, venait aussi dans ses souffrances se réfugier sur mon cœur insensible : laisse-moi sentir que le tien dans ce cruel moment, s'ouvre à ma douleur. Leurs bras étaient étroitement enlacés, Wilhelm sentait le cœur de Thérèse battre sur son sein, mais son esprit était vide, et les images de Mignon et de Natalie passaient comme des ombres devant son imagination.

Natalie entra dans la chambre. « Donne-nous ta bénédiction, s'écria Thérèse, et que la douleur nous unisse devant toi. Wilhelm avait caché sa tête sur le sein de son amie, heureux de pouvoir pleurer. Il n'avait pas entendu Natalie, il ne l'avait pas vue : mais le son de sa voix fit de nouveau couler ses larmes. Il s'arracha des bras de Thérèse : « Laissez-moi voir, cria-t-il, cette pauvre enfant que j'ai assassinée : laissez-moi voir l'ange qui vient de s'envoler; son front calme et serein nous dira qu'elle est heureuse. » Les deux amies ne pouvant l'arrêter, le suivirent; mais le bon médecin les empêcha de s'approcher. « Eloignez-vous, dit-il, de cet objet de douleur, et souffrez que mon art donne au moins quelque durée aux restes de cette mystérieuse créature. Mon art merveilleux peut non-seulement embaumer les corps, mais encore leur conserver l'apparence de la vie : qu'il serve à ces précieuses dépouilles. Accordez-moi quelques jours, et ne demandez point à voir votre malheureuse amie, avant que nous l'ayons portée dans la salle du passé. »

En ce moment on annonça des étrangers; c'était Lothario suivi de ses deux amis, Jarno et l'abbé. Natalie courut au-devant de son frère, les autres gardèrent un moment le silence.

Thérèse, dit en souriant à Lothario : « Vous ne comptiez guère me trouver ici : croyez que le hasard seul amène cette rencontre, et recevez après une si longue absence, le salut d'une sincère amie. »

L'arrivée des trois amis, loin de distraire Wilhelm de la profonde douleur qui l'accablait, irritait ses souffrances, excitait son dépit et ses soupçons. Il ne put ni ne voulut les cacher, et Jarno le prenant à part lui reprocha son silence farouche. « N'ai-je pas raison de craindre, dit Wilhelm. » Lothario vient avec ses adjudans ; il serait bien étonnant que ces puissances mystérieuses de la grande tour, toujours actives, n'étendissent pas aujourd'hui la main sur nous, et je ne sais à quel but elles prétendent nous conduire. Si je connais bien ces nouveaux apôtres, leur honorable mission est de diviser ce qui est uni, et d'unir ce qui est divisé. Ce qu'il en résultera, nos yeux profanes ne le verront peut-être jamais. »

— « Du dépit ! de l'amertume ! c'est ce

qu'il nous faut. Devenez une fois méchant, et tout ira le mieux du monde. »

— « C'est peut-être votre intention, et je crains bien qu'on ne veuille aujourd'hui soumettre à la plus terrible épreuve toute la patience que m'ont donnée la nature et l'éducation. »

— « En attendant le dénoûment de notre histoire, je vais vous parler de la grande tour qui vous inspire de si tragiques soupçons. »

— « Libre à vous d'essayer, mais votre auditeur sera distrait. Mon ame est trop occupée, et je ne sais si j'aurai pour ces saintes merveilles toute l'attention qu'elles méritent. »

— « Je ne me laisse pas effrayer par votre amabilité, je veux vous éclairer. Vous craignez mon adresse, je veux que vous estimiez ma franchise, et même on m'a chargé.... »

— « Je voudrais vous entendre parler de votre propre mouvement, avec la généreuse intention de m'instruire. Comment puis-je vous écouter, si vous ne m'inspirez pas de confiance? »

— « Si je n'ai rien de mieux à faire qu'à raconter des fables, vous avez peut-être bien aussi le temps de m'accorder un peu d'attention, et pour exciter tout votre intérêt, je vous dirai d'abord : tout ce que vous avez vu dans la tour, n'est que le faible reste d'une entreprise de jeunesse : nos initiés dans le principe étaient presque tous de bonne foi : aujourd'hui, ils ne peuvent se regarder sans rire. »

— « Ainsi l'on se moque de nous avec ces symboles et ces grands mots, on nous conduit avec solennité dans des lieux qui nous inspirent le respect, on fait passer devant nos yeux des apparitions miraculeuses; on nous donne des parchemins pleins de mystérieuses sentences auxquelles nous ne comprenons rien, on nous découvre que nous étions d'abord apprentis, on nous initie, et nous sommes aussi sages qu'avant. »

— « N'avez-vous pas là votre parchemin ? Vous y trouverez de belles sentences qu'on n'a pas prises en l'air, je vous en réponds. »

— « Elles sont obscures ou vides de sens pour celui-là seul qui ne peut leur appliquer son expérience. Donnez-moi ce que nous appelons l'apprentissage, si vous l'avez. »

— « Si je l'ai ? sans doute, c'est une amulette qu'on doit toujours porter au cou. ».

Jarno prit le parchemin et parcourut des yeux la première moitié. « Ceci, dit-il, traite de l'éducation de l'artiste, ça regarde les autres : la seconde partie traite de la vie, me voilà sur mon terrain. »

Il lut certains passages, mêlés à tous momens de remarques et d'anecdotes de son invention : « La jeunesse a pour le mystère, les cérémonies et les grands mots, un goût prodigieux, et c'est souvent la marque d'une certaine profondeur de caractère. A cet âge où tout est encore vague et indécis, on veut cependant saisir et sentir tout son être. Le jeune homme qui désire beaucoup, croit trouver beaucoup dans un mystère ; le mystère est un trésor, un puissant moyen d'agir. L'abbé fonda sur ces idées une société de jeunes gens, soit pour appliquer ses principes, soit par goût et par habitude, ayant jadis fait partie d'une société pareille qui, comme la nôtre, portait ses coups dans l ombre. Le tout fut empreint d'un cachet mystique : d'abord ouvriers, bientôt artisans, tour à tour apprentis, compagnons et maîtres, voulant consigner dans nos archives nos connaissances sur le cœur humain, nous fîmes chacun notre confession : c'est l'origine des apprentissages. Ceux qui ne pouvaient se tenir sur leurs pieds étaient rebutés par les mystifications : ceux-là seuls étaient initiés qui sentaient et concevaient vivement à quoi la nature les avait destinés. »

« Vous avez été bien vite avec moi, dit Wilhelm : car je ne sais ni ce que je puis, ni ce que je veux, et moins que jamais depuis que vous m'avez instruit. »

— « Il ne faut pas nous imputer cette méprise apparente, la fortune peut venir à notre secours. Ecoutez : celui qui reste plus long-temps dans l'obscurité, verra plus clair un jour sur le monde et sur lui-même. Peu d'hommes ont à la fois le don de l'esprit et de l'activité. L'esprit agrandit les idées aux dépens du bras, le bras agit aux dépens de l'esprit. »

— « Ah ! je vous en prie, ne me débitez plus ces bizarres sentences. Toutes ces phrases là m'ont déjà tourné la tête. »

« Je m'en tiens donc au récit, dit Jarno repliant à moitié le parchemin, où il jetait de temps en temps un regard furtif : j'ai peu profité du commerce des hommes, je suis un très-mauvais maître, et rien ne m'est plus insupportable que de voir un maladroit se tromper de route : je crie gare à celui qui s'égare, fût-ce même un somnambule que je verrais en bon chemin pour se casser le cou. Aussi j'étais bien malheureux avec l'abbé, qui soutient lui, que l'erreur peut seule remédier à l'erreur. Vous avez été pour nous un sujet de discorde, vous étiez son favori, et ce n'est pas petit honneur d'avoir mérité de sa part une attention si distinguée. Pour moi, vous me rendrez la justice que partout où je vous ai vu, je vous ai dit la pure vérité. »

— « Avec peu de ménagement, vous n'avez pas démenti vos principes. »

— « Que voulez-vous qu'on ménage, quand on voit un jeune homme, doué d'heureuses dispositions, prendre une direction si fausse? »

— « Daignez me pardonner : votre sévère critique m'a dépouillé de tous mes talens de comédien, et je vous avoue pourtant, même après avoir entièrement renoncé au théâtre, que cette inaptitude ne m'est pas aussi bien prouvée qu'à mes juges. »

— « Et moi, je suis convaincu d'une chose : celui qui ne met sur le théâtre que lui-même, n'est pas comédien. Celui qui ne peut prendre ni l'esprit ni les traits de ses personnages, ne mérite pas ce nom. Vous avez, par exemple, assez bien joué Hamlet et d'autres rôles, parce que vos traits, votre caractère et vos sentimens concouraient à l'effet général. Un pareil succès pourrait flatter un amateur passionné du théâtre, qui ne verrait devant ses yeux aucune autre carrière. Mais écoutez. On doit se garder : »

— « Ah! ne lisez pas, je vous en prie; parlez, racontez, éclairez-moi. Ainsi donc, l'abbé me prêta la main pour la représentation d'Hamlet, et c'est lui qui se chargea d'évoquer le fantôme? »

— « Sans doute; il m'assura que c'était le seul moyen de vous guérir, si toutefois la guérison était possible. »

— « C'est donc pour cela qu'il me laissa le voile, et m'ordonna de fuir ? »

— « Oui, il espérait que tout votre enthousiasme succomberait à cette représentation : il le soutenait. Moi, je croyais le contraire, et j'eus raison. Il y eut discussion très-animée ce soir là-même. »

— « Vous m'avez donc vu jouer ? »

— « Certainement. »

— « Et qui faisait le fantôme ? »

— « Je ne le sais pas bien moi-même, sans doute l'abbé ou son frère jumeau ; mais plutôt ce dernier, car il est un peu plus grand. »

— « Vous avez donc aussi des secrets l'un pour l'autre ?

— « C'est possible ; c'est même souvent nécessaire entre amis, qui cependant ne sont plus l'un pour l'autre un mystère. »

— « Quand je pense à tant de confusion, je suis déjà confondu. Éclaircissez donc mes idées sur cet homme à qui je dois tant de reconnaissance et tant de reproches. »

— « Ce qui le rend si précieux à notre société, ce qui lui donne une espèce d'empire sur nous tous, c'est que, libre de préjugés, il jette paisiblement son regard d'aigle sur toute les forces qui résident dans l'homme, et qui doivent se développer chacune à sa manière. La plupart des hommes, même les plus distingués, se rapetissent; chacun d'eux n'estime, ou dans lui-même ou dans les autres, que certaines qualités qu'il favorise, et qu'il veut seules perfectionner. L'abbé étend ses opérations sur un plus vaste plan : son esprit embrasse, reconnaît et favorise toutes les facultés humaines. Ici je suis forcé de voir au parchemin : l'assemblage des hommes forme l'humanité, l'assemblage des forces forme l'univers. Elles sont souvent en discorde, et veulent se détruire, mais la nature les réconcilie et les renouvelle. L'ouvrage informe de l'artisan le plus grossier, et les sublimes chefs-d'œuvre d'un art idéal, le bégayement et les cris de l'enfant, et le brillant langage de l'orateur et du poète, la cabane de planches du petit garçon, et les énormes machines qui tiennent la terre sous la domination des conquérans, de la plus légère bienveillance, l'amour le plus volage, la passion la plus fougueuse, et les nœuds les plus saints, l'impression présente du monde visible, et les pressentimens, les espérances de l'ame plongeant dans un lointain avenir, tout cela réside dans l'homme, et doit être développé, non pas dans un seul, mais dans tous. Toute faculté est puissante, il faut l'exercer. L'un cherche le beau, l'autre l'utile, tous deux réunis forment un homme. »

— « Assez : j'ai lu tout cela. »

— « Encore quelques lignes; je retrouve ici l'abbé tout entier : une force domine les autres, mais ne peut les former : toute faculté naturelle ne se développe que par sa force intime : voilà ce que peu d'hommes comprennent, et cependant ils veulent instruire et diriger ! »

— « Pour l'amour de Dieu, trève de sentences. Vous êtes, je le sens, un mauvais médecin pour un cœur malade. Dites-moi plutôt, avec votre froideur impitoyable, de quelle manière vous voulez me sacrifier. »

— « Vous rougirez un jour d'un pareil soupçon, je vous le garantis. C'est à vous de choisir et d'essayer, à nous de vous observer. L'homme n'est point heureux tant que ses désirs errans sur tous les objets n'ont pas su se fixer un terme. Songez à ce qui vous entoure : voyez, par exemple, les qualités supérieures de Lothario : sa pensée rapide et son activité sont à jamais unies, et toujours il s'avance, s'agrandit, et porte les autres en avant. Partout il traîne un monde à sa suite : sa présence échauffe et transporte. »

— « Triste occupation, de considérer les beaux talens d'autrui, quand on est en discorde avec soi-même : un pareil examen convient à l'homme tranquille, et non pas à mes passions, à mon incertitude. »

— « Dès que vous le pourrez, chassez de votre esprit les soupçons et la défiance. Voici l'abbé qui vient à nous, soyez confiant avec lui, et vous saurez bientôt combien vous lui devez de reconnaissance. Le fripon ! il se promène entre Natalie et Thérèse, je parie qu'il intrigue encore pour son compte. Comme il aime surtout à jouer en petit le rôle du destin, il a, parmi ses caprices, celui de faire des mariages. »

— « Il me semble, à moi, qu'on devrait laisser le caprice de faire des mariages aux personnes qui s'aiment, » dit Wilhelm en riant, mais d'un rire amer.

CHAPITRE VIII.

La société venait de se réunir, et d'interrompre la conversation de nos deux amis. On annonça dans ce moment un courrier porteur d'une lettre qu'il devait remettre en main propre à Lothario. A son air actif, intelligent, à sa livrée riche et élégante, Wilhelm crut le reconnaître, et ne se trompait pas : c'était le même homme qu'il avait envoyé à la poursuite de Philine et de Marianne, et qui n'était jamais revenu. Il brûlait de lui parler. Lothario, qui venait de lire la lettre, lui dit d'un ton sérieux, et même avec un peu de colère : « Comment se nomme ton maître? »

« C'est de toutes les questions, dit le le courrier discret, celle à laquelle je puis le moins répondre. La lettre doit vous apprendre ce que vous devez savoir; on ne m'a pas dit de parler. « Et il s'éloigna en faisant une profonde révérence.

« Avez-vous jamais vu, dit Lothario, message plus insolent et plus ridicule? « La
» gaîté, m'écrit l'inconnu, étant le plus
» aimable des convives, et me suivant
» partout comme un fidèle compagnon de
» voyage, j'ai l'intention de me présen-
» ter avec elle chez votre seigneurie, et je
» compte sur un accueil bienveillant; j'es-
» père voir éclater à mon arrivée la satis-
» faction de l'illustre famille, et me reti-
» rer quand il me plaira. »

Signé Comte de Schneckenfuss.
« C'est de la nouvelle noblesse, dit l'abbé. »
— « Peut-être un comte de l'empire. »

« Vous ne devinez pas? dit Natalie, je gage que c'est notre frère Frédéric, qui, depuis la mort de notre oncle, nous menace d'une visite. »

« Bravo! belle et sage Natalie, dit une voix qui sortait d'un bosquet voisin, et l'on vit paraître un jeune homme d'une figure agréable et enjouée. » Wilhem faillit pousser un cri de surprise. « Comment! notre blondin, c'est encore vous que je retrouve ici ? » Frédéric se retourna et fixant Wilhelm : « Par ma foi, s'écria-t-il, les fameuses pyramides tiennent assez bien au sol de l'Egypte, et certain savant m'assure, que le tombeau du roi Mausole n'existe plus : mais j'aurais été moins surpris de les rencontrer dans le jardin de mon oncle l'antiquaire, que de vous y voir, vous, mon vieil ami, mon bienfaiteur à tant de titres. Recevez le salut d'un ami sincère et dévoué. »

Après avoir à la ronde distribué ses complimens et ses baisers, il sauta sur Wilhelm : « Traitez le bien, pour l'amour de moi, dit-il, ce héros fameux, ce chef d'armée, ce philosophe dramatique. Je puis me vanter qu'à notre première entrevue je l'ai bien mal peigné, mais il ne m'en a pas moins épargné dans la suite une volée de coups de bâton. Il est magnanime comme Scipion, généreux comme Alexandre, et point fâcheux pour ses rivaux. Il pourrait, comme on dit, leur faire manger leur pain à la fumée du rôti, ce qui serait leur jouer un fort vilain tour; mais non, il envoie aux amis qui lui ravissent sa maîtresse, de bons et fidèles serviteurs, tant il a peur que le pied ne leur manque sur la route. »

Il continua sur le même ton, et personne n'osant l'arrêter, ou n'étant de force à lui répondre en son langage, il fit tout seul les frais de la conversation. « Ne vous étonnez point, dit-il de ma prodigieuse érudition dans les écritures saintes et profanes, je vous dirai d'où viennent de si belles connaissances: » On voulait savoir ce qu'il faisait au monde, et d'où il venait, mais il ne put jamais retomber des hauteurs de la morale au langage vulgaire, et quitter l'histoire ancienne pour se faire comprendre.

Natalie dit tout bas à Thérèse : « Sa gaîté me fait mal, il doit souffrir. »

Quand Frédéric s'aperçut qu'à l'exception de quelques bons mots de Jarno, sa folle gaîté ne trouvait point d'échos dans la compagnie: « Il ne me reste plus, dit-il, qu'à devenir sérieux avec la sérieuse famille : aussi bien la masse de mes péchés me pèse sur la conscience, au milieu de cette religieuse assemblée, et je veux en deux mots ouvrir mon cœur au grand aumonier : mais vous, respectables seigneurs et dames, vous ne ne devez pas entendre un seul mot de ma confession. Ce noble ami, qui connaît déjà par fragmens ma vie et mes actions, doit seul m'entendre, d'autant plus qu'il a bien quelque envie de m'interroger. N'êtes-vous pas curieux de savoir, cher Wilhem, à quel temps j'en suis dans la conjugaison du verbe *phileo*, *philoo*, et dans les dérivés de ce verbe charmant. » Il prit aussitôt le bras de Wilhelm et le fit sortir avec lui en l'étouffant de caresses.

A peine arrivé dans la chambre de son ami, Frédéric vit près de la fenêtre le petit peigne avec l'inscription : *Pensez à moi*.

« Vous conservez bien vos reliques, dit-il, je ne me trompe pas, c'est le peigne dont Philine vous fit cadeau le jour où je vous ai baptisé. J'espère que vous avez pensé bien régulièrement à la jolie fille, et je vous assure que de son côté, elle ne vous a pas oublié : si je n'avais depuis long-temps juré de n'être point jaloux, je ne pourrais vous regarder sans jalousie. »

— « Ne me parlez pas de cette créature; long-temps, je l'avoue, sa présence me fut douce, et je ne pouvais m'en passer; mais ce fut tout. »

— « Quelle bassesse, renier son amante! vous l'avez aimée autant qu'on peut aimer. C'était tous les jours quelque petit cadeau, et quand l'allemand donne, c'est qu'il aime bien. Il ne me restait plus qu'à vous l'escamoter, et l'officier rouge s'en est assez bien acquitté, j'espère. »

— « Comment! vous êtes cet officier que nous avons trouvé chez Philine et qui nous l'enleva! »

— « Lui-même que vous preniez pour Marianne. Nous avons assez ri du quiproquo ! »

— « Les cruels! me laisser dans une telle incertitude! »

— « Et prendre à notre service le courrier que vous envoyez à notre poursuite! C'est un drôle bien intelligent, qui ne nous a pas quitté depuis ce temps-là. Je suis amoureux fou plus que jamais de la belle Philine : mais avec cette jolie sorcière, je me crois presque un personnage mythologique, et je crains tous les jours une métamorphose. »

— « Mais d'où vous vient, dites-moi, cette vaste érudition que vous étalez sans cesse ? »

— « Je suis devenu savant et très-savant par la méthode la plus amusante. Philine est maintenant chez moi, nous avons loué un vieux château gothique où nous vivons joyeux comme des farfadets. Nous avons trouvé là une bibliothèque considérable, mais fort bien choisie, contenant une bible in-folio, la chronique de Gottfried, deux volumes du Theatrum Europæum, l'Acerra philologica, les écrits de Gryphius, et quelques autres livres moins importans. Quand nos transports amoureux se calmaient, l'ennui nous surprenait souvent, nous voulions lire, et avant d'avoir choisi notre lecture, l'ennui devenait plus fort. Philine eut enfin l'heureuse idée d'étaler tous les livres sur une grande table; assis vis-à-vis l'un de l'autre, nous lisions tour à tour, et toujours par extraits, tantôt dans un livre et tantôt dans un autre. O la bonne invention! nous nous croyions transportés dans ces bonnes compagnies où il serait malhonnête d'épuiser la conversation ou d'approfondir : ou bien dans ces bruyantes sociétés où chacun se vole la parole. Nous nous procurons ce plaisir tous les jours et nous sommes devenus si savans que notre science nous étonne nous-même. Il n'est plus rien de nouveau pour nous sous le soleil, notre savoir nous initie à tous les mystères. Souvent nous réglons le temps de nos lectures sur un vieux sablier cassé, qui se vide en quelques minutes. Philine se hâte de le remplir et commence, le sable s'épuise et je reprends. C'est étudier, ce me semble, en vrais académiciens, seulement nos heures sont plus courtes, et nos études plus variées. »

— « Je comprends toutes les folies, quand je vois un pareil couple : mais que deux fous restent ensemble si long-temps, voilà ce que je ne conçois pas. »

— « Voilà justement le bonheur et le malheur! Philine n'ose se laisser voir, ni se voir elle-même; elle est enceinte, quelques jours avant mon départ, elle se trouva par hasard devant le miroir. Fi! s'écria-t-elle, en détournant le visage : fi! quel enbompoint! C'est madame Mélina! O le vilain portrait! comme ça donne mauvaise tournure! »

— « J'avoue que c'est un spectacle assez comique de voir Frédéric et Philine père et mère. »

— « Oh! oui, c'est bien un trait de folie, il faut que je sois père. Elle le soutient, et les époques s'accordent; seulement dans le principe, la visite qu'elle vous fit après la représentation d'Hamlet dérangeait un peu mes calculs. »

— « Quelle visite? »

— « Allons, vous n'avez pas perdu la mémoire. Ce spectre si tendre et si sentimental, c'était Philine.

» Cette maudite aventure me fut amère comme du poison; mais si l'on ne veut pas se résigner, il faut renoncer à l'amour. La paternité repose sur la conviction; je suis convaincu, donc je suis père; vous voyez que je sais à propos employer ma logique. Il est possible que l'enfant ne crève pas de rire en venant au monde, mais je vous réponds que s'il n'est pas utile à ses semblables, ce sera du moins un joyeux compagnon. »

Pendant l'entretien joyeux de Frédéric et de Wilhelm, l'abbé avait conduit ses amis dans une salle de verdure. « Nous avons, leur dit-il, avancé d'une manière générale que Thérèse n'était point la fille de sa mère; cette vérité doit maintenant vous être prouvée en détail : Ecoutez la lecture de ce manuscrit. »

Ce manuscrit expliquai tcomment madame de ***, honteuse de sa stérilité, avait elle-même favorisé l'amour de son mari pour son intendante, jeune femme d'un caractère aimable et solide. Mais elle avait stipulé que le gage de cette union passerait pour son enfant aux yeux du monde, et mettant même ses complaisances à plus haut prix, elle avait exigé que son mari lui fit par testament l'abandon de toute sa fortune. La jeune femme, mère de Thérèse, était morte peu de temps après, et son malheureux père avait gémi sur ses vieux jours d'avoir sacrifié sa fille à sa marâtre; voilà sans doute le fatal secret qu'il voulait révéler à Thérèse avant de mourir.

» J'ai là, dit l'abbé en terminant sa lecture, des papiers qui prouvent ce que je viens de dire, de la manière la plus authentique. »

Thérèse et Natalie prirent le manuscrit, et le rendirent le lendemain, sans faire aucune objection, sans témoigner aucun doute.

CHAPITRE IX.

Un jour Jarno, Wilhelm et Natalie étaient assis tous trois dans le jardin : « Depuis quelque temps vous êtes pensif, Jarno, dit Natalie. »

« Ce n'est pas sans raison, répondit celui-ci, c'est aujourd'hui que je dois mettre la main à l'œuvre. Je suis d'autant plus disposé à m'expliquer devant notre jeune ami qu'il ne tiendra qu'à lui de nous seconder :

je suis à la veille de partir pour l'Amérique. »

« Pour l'Amérique ! dit Wilhelm en riant, je ne vous soupçonnais pas un projet aussi aventureux, encore moins celui de me prendre pour compagnon de voyage. »

« Quand vous connaîtrez notre plan, dit Jarno, vous lui donnerez un autre nom, et vous serez peut-être notre plus chaud partisan. Ecoutez-moi : il ne faut pas avoir une profonde connaissance des affaires du monde pour remarquer que nous sommes menacés d'une grande révolution. Malheur aux propriétaires ! »

« Je ne connais rien à votre politique, répondit Wilhelm, et si mes biens m'inspirent quelques inquiétudes, c'est depuis deux ou trois jours seulement. J'eusse mieux fait peut-être de garder plus long-temps mon insouciance, puisque la conservation de nos biens nous expose à tant de terreurs paniques. »

— « Laissez-moi parler : il convient à la vieillesse de veiller pour le repos de la jeunesse. Une société descendue de notre grande tour, doit se répandre et se recruter dans les quatre parties du monde. Nous nous assurons mutuellement une subsistance honnête, pour le seul cas où les révolutions politiques priveraient l'un de nous de tous ses biens. Je pars pour l'Amérique; je vais entretenir entre les deux mondes ces relations amicales commencées par notre vénérable ami pendant son séjour sur ce continent. L'abbé se rend en Russie, et vous avez le choix, si vous êtes des nôtres, ou de seconder Lothario en Allemagne, ou de partir avec nous. Vous prendrez sans doute le dernier parti; un long voyage a tant d'importance pour la jeunesse. »

— « La proposition vaut bien qu'on y réfléchisse, et peut-être vous dirai-je bientôt : emmenez-moi, le plus loin sera le meilleur. J'espère que vous me ferez connaître vos plans. »

— « Ne craignez rien, les difficultés apparentes de cette vaste entreprise s'évanouiront bientôt : nous sommes en petit nombre, mais tous gens probes, habiles et déterminés, animés d'un seul esprit, qui sera bientôt celui de la grande famille. »

Frédéric avait eu la patience d'écouter

jusques-là : « Et moi, dit-il, si vous voulez me prier un peu, je pars avec vous. »

Jarno secoua la tête.

— « Est-ce que je n'en vaux pas un autre ? Il faut à votre nouvelle colonie de jeunes colons, et je me charge de les trouver, de joyeux colons, je vous assure. Je connais encore certaine jeune fille, qu'on vient de destituer, la douce et charmante Lydie. La pauvre enfant! que fera-t-elle de sa douleur et de son désespoir? Il faut qu'elle le jette dans l'abime de l'Océan, et qu'un brave jeune homme se charge de sa destinée. Allons, cher Wilhelm, puisque vous êtes en train de consoler les Arianes, décidez-vous. Que chacun prenne sa belle sous le bras, et nous suivrons notre vieux maitre. »

« Tu crois donc, Frédéric, dit Natalie, que tes maximes légères, qui vont si bien à ta conduite, conviennent toujours aux autres? Notre ami mérite un cœur de femme qui soit à lui tout entier, et qu'un souvenir étranger ne fasse jamais battre dans ses bras.

» C'est seulement avec le caractère pur et

la haute raison de Natalie, qu'il pouvait s'exposer à de pareilles chances. »

« Des chances ! dit Frédéric, mais tout est chance dans l'amour. Qu'on se marie sous la feuillée ou devant les autels, en se passant les bras autour du cou, ou des anneaux d'or au doigt, au bruit des grillons, ou bien au bruit de la trompette et des tymbales, c'est toujours une chance, et le hasard fait tout. »

« J'ai toujours vu, répondit Natalie, que nous faisions de nos principes le supplément de notre existence. Nous couvrons nos fautes d'une maxime reçue, comme d'un habit à la mode. Prends garde au chemin que te fait prendre la belle qui te tient dans ses filets. »

— « Elle est elle-même en fort bon chemin pour devenir une sainte : chemin de traverse, il est vrai, mais d'autant plus sûr et plus gai. Sainte Madeleine a passé par-là, et tant d'autres qu'on ne sait pas. Au reste, ma sœur, quand on parle d'amour, tu devrais te taire. Je crois bien que tu ne te marieras jamais, à moins qu'il ne se trouve quelque part une femme de moins; en ce cas tu t'offrirais avec ta bonté de cœur ordinaire, comme le supplément d'une existence. Laisse-nous donc conclure notre marché avec ce marchand d'âmes, et nous entendre sur notre voyage. »

« Vous pensez trop tard à Lydie, dit Jarno, elle est pourvue. »

— « Et comment? »

— « Je lui ai moi-même offert ma main. »

— « Ah! vieux bonhomme, cette démarche-là, considérée comme un substantif, mérite bien des épithètes. »

« Vraiment, dit Natalie, c'est une tentative assez aventureuse, d'épouser une jeune fille dans le moment où l'amour qu'elle a pour un autre la met au désespoir. »

« J'ai pris mes arrangemens, répondit Jarno, elle est à moi sous certaines conditions. Croyez-moi, il n'y a rien de plus précieux sur la terre qu'un cœur susceptible d'amour et de passion. Que ce cœur ait aimé, qu'il aime encore, peu m'importe : l'amour, dont un autre est l'objet, m'est, pour ainsi dire, plus intéressant que celui que j'exciterais moi-même. J'admire l'énergie, la pureté d'une passion véritable, sans que mes yeux soient éblouis ou fascinés par l'amour-propre. »

L'abbé survint dans ce moment, une lettre à la main : « Vous allez, dit-il, prononcer sur une proposition que je viens faire à notre jeune ami. Le marquis, ami de votre oncle, arrive au premier jour; il m'écrit, qu'ayant moins d'habitude de la langue allemande qu'il s'en était flatté, il désirerait un compagnon de voyages qui possédât cette langue et plusieurs autres. Certes, Wilhelm lui convient mieux que personne, il verra l'Allemagne : qui ne connaît pas son pays, n'a pas de terme de comparaison pour juger les autres. Qu'en dites-vous, mes amis? Qu'en dites-vous, Natalie? »

Natalie se tut, et Frédéric débita des sentences sur l'utilité des voyages. Wilhelm fut accablé de cette nouvelle proposition, et put à peine cacher son trouble. On voulait se défaire de lui, le projet était évident, et l'on ne prenait pas même la peine de le cacher et de ménager sa sensibilité. « J'y réfléchirai mûrement, dit-il, après s'être un moment recueilli; mais pour première condition, je serai le maître d'emmener partout mon fils avec moi. »

« Je doute que vous puissiez l'obtenir, » dit l'abbé.

« Alors je ne vois pas, s'écria le jeune homme, pourquoi je me laisserais imposer des lois par un autre homme, et pourquoi j'aurais besoin, pour parcourir l'Allemagne, de la société d'un Italien. »

« Parce qu'un jeune homme, dit l'abbé avec une dignité imposante, doit toujours avoir des raisons pour se déterminer. »

— « Eh bien ! que l'on m'accorde un délai pour réfléchir, et j'aurai bientôt décidé si je dois me lier par ce nouvel engagement, ou plutôt si la voix impérieuse de ma conscience et celle de ma sagesse ne m'ordonnent pas de rompre des entraves qui me menacent d'un éternel esclavage. »

Il avait prononcé ces mots avec l'accent d'une vive émotion. Un regard jeté sur Natalie fit rentrer le calme dans son ame ; ce regard passionné venait d'y porter l'image de Natalie plus pure et plus belle que jamais.

« Oui, se dit-il, quand il fut seul, avoucle, tu l'aimes et tu sens de nouveau comment l'homme peut aimer de tous les puissances de son ame. J'aimais Marianne, et je fus trompé : j'aimais Philine, et je dus la mépriser : j'estimais Aurélie, et je n'osai l'aimer : je respectais Thérèse, et l'amour paternel m'abusait sur mes sentimens pour elle : aujourd'hui tous les sentimens qui devraient rendre l'homme heureux, remplissent mon cœur, et je dois fuir. Ah ! pourquoi faut-il qu'à ces sentimens, à ces puissances de l'ame s'attache l'invincible désir de la possession ? Pourquoi, sans la possession, ces mêmes sentimens, ces affections profondes, détruisent-elles aussitôt tout autre bonheur qui voudrait se passer d'elle ? Partout tu te diras : Natalie n'est pas là, et partout cependant Natalie te sera présente. Si tu fermes les yeux, elle va t'apparaître, si tu les ouvres, chaque objet va t'offrir les reflets de son image, comme les visions que laisse dans l'œil l'image qui vient de l'éblouir. L'amazone de la forêt, qui passa si vîte devant toi, n'était-elle pas déjà présente à ton imagination. Tu l'avais vue, mais tu ne la connaissais point ; aujourd'hui ses précieuses qualités sont gravées dans ton cœur, comme d'abord son image dans ton esprit. Quel autre trésor iras-tu maintenant demander au monde ? La vie est-elle comme une carrière, où l'on arrive à peine à l'extrémité qu'il faut couper court et revenir? L'image de la beauté, de la perfection, est-elle là comme un but qu'on ne saurait franchir ou déplacer, et dont il faut s'éloigner avec ses coursiers rapides aussi vite que l'on était venu. Mais le chétif mortel qui ne veut que les marchandises de la terre, trouve au moins à se pourvoir dans toutes les contrées, à la foire et sur le marché public. »

« Viens, mon enfant, dit-il à son fils qui entrait dans la chambre, tiens moi lieu de tout ce qu'on m'enlève. Il te reste un grand vide à remplir dans mon ame. Occupe mon cœur, occupe mon esprit de ta beauté, de tes grâces enfantines, de ton désir d'apprendre, et de ta petite intelligence. »

L'enfant n'avait d'attention que pour un nouveau joujou que son père voulut arranger et mettre en meilleur état; Félix n'en voulait déjà plus. « Tu es homme aussi, dit Wilhelm; viens mon enfant, viens mon frère, allons jouer par le monde, et changeons de jouets tant que nous pourrons. »

Il écrivit à Werner pour lui demander de l'argent, des lettres de change, et lui dépêcha le courrier de Frédéric avec l'ordre de revenir le plutôt possible. Si Wilhelm était désormais irrité contre les habitans du château, il avait conservé sa confiance en Natalie et lui communiqua ses projets de voyages. Elle convint que les circonstances l'autorisaient, le forçaient même à s'éloigner, et quoique cette indifférence apparente fut très-sensible à Wilhelm, cependant ses manières aimables et sa douce présence le rassuraient encore. Le courrier revint bientôt, lui remit ce qu'il avait demandé avec une lettre, où Werner ne paraissait pas fort content de la nouvelle expédition de Wilhelm.

Il avait pourvu dès lors à tous les besoins extérieurs, il pouvait partir; mais son cœur n'éprouvait-il plus d'obstacles? On ne voulait pas encore lui laisser voir la dépouille de Mignon. Une lettre mystérieuse du bon pasteur venait d'appeler le médecin près du joueur de harpe, dont Wilhelm aurait désiré connaître la situation.

Dans cette double inquiétude, point de repos pour son ame ni pour son corps, ni le jour, ni la nuit. Quand tout dormait, il parcourait la maison. La présence de ces chefs-d'œuvre de l'art, amis de son enfance, l'attirait et le repoussait. Il ne pouvait ni comprendre, ni quitter ce qui l'entourait, chaque objet devenait un souvenir, et formait comme un anneau dans la chaîne de sa vie désormais rompue et brisée pour toujours. Voyait-il dans ces ouvrages de l'art, vendus par son père, un emblème de sa destinée future ? Changerait-il aussi de patrie, sans pouvoir jamais s'arrêter dans la possession paisible et durable du seul bien qu'il désirât sur la terre, sans cesse privé du bonheur par ses fautes ou par celles d'autrui ? Son ame se perdait dans ces pensées bizarres et mélancoliques.

L'abbé vint annoncer à la société l'arrivée du marquis, et l'on vit paraître un homme encore assez jeune, une de ces figures lombardes si belles et si nobles. Il avait servi dans sa jeunesse avec l'oncle de Natalie beaucoup plus âgé que lui, plus tard ils avaient ensemble parcouru l'Italie, et ces précieux ouvrages qu'il retrouvait dans le château, avaient été recueillis et achetés en sa présence, dans un temps de bonheur encore présent à sa mémoire.

Les Italiens en général sentent mieux que les autres nations la dignité des beaux arts ; le moindre ouvrier veut qu'on l'appelle artiste, maître ou professeur, comme s'ils reconnaissaient par cette manie des titres qu'il ne suffit point de ramasser par tradition quelques notions vulgaires, ou d'acquérir par l'habitude une certaine adresse. Il faut que chacun puisse raisonner son art, en développer les principes, et faire comprendre aux autres aussi clairement qu'à lui-même pour quel motif il a fait cela plutôt qu'autre chose.

Le noble étranger pleurait en revoyant sans leur possesseur, tant de précieux objets, mais il se réjouit du moins d'entendre encore l'ame de son vieil ami lui parler par la bouche de ses dignes successeurs. On vint à parler de la rareté des chefs-d'œuvre dans l'époque actuelle : « On ne sent pas assez, dit le marquis, combien les circonstances doivent favoriser l'artiste, combien le plus grand génie, le plus vigoureux talent doit sans cesse exiger de lui-même, et toute l'activité dont il a besoin pour se perfecionner. Si les circonstances ne font rien pour lui, s'il voit que ses contemporains faciles à contenter, ne veulent, au lieu d'or, qu'une espèce de clinquant, ne faut-il pas que l'artiste qui se trouve a l'aise avec son amour propre, s'arrête dans la médiocrité; ne faut-il pas qu'il fasse des marchandises à la mode, qui lui vaillent fortune et renom, au lieu d'entrer d'un pas ferme dans la bonne voie qui le conduirait peut-être à la triste gloire du martyr? Aussi les artistes de notre siècle promettent sans cesse, pour ne jamais tenir. Ils font désirer et ne donnent point; ils effleurent et ne savent pas approfondir.

« Oui, dit l'abbé, c'est ainsi que l'artiste et l'amateur se forment réciproquement. L'amateur veut jouissance vague et générale ; l'ouvrage de l'art doit lui plaire comme celui de la nature ; il s'imagine que les organes se forment d'eux-mêmes au sentiment des beaux-arts, comme la langue et l'odorat, qu'on juge un chef-d'œuvre comme un ragoût; il ne comprend pas qu'il a besoin d'une autre culture pour s'élever à la véritable jouissance des beaux-arts. La grande difficulté de cette nouvelle éducation, c'est l'espèce d'abstraction que l'homme doit faire en lui-même, et voilà pourquoi tant d'amateurs, savans d'un seul côté, se flattent de tout juger et sentir. Au gré de leurs sentimens, de leurs préjugés et de leurs caprices, le marbre façonné doit prendre une forme nouvelle, l'immobile édifice doit s'étendre ou resserrer ses ailes mobiles. Un tableau doit instruire, un comédien corriger; je ne finirais pas. Les hommes n'ayant, pour la plupart, aucun caractère, et ne pouvant donner à leur être une forme déterminée, sont intéressés à priver les objets de leurs formes, afin de et les réduire comme eux à la matière vide inanimé. Ils ramènent tout à ce qu'ils nomment l'*effet* et tout devient par là relatif, hors la sottise et le mauvais goût qui exercent un empire absolu.

CHAPITRE X.

Le soir venu, l'abbé invita ses amis aux funérailles de Mignon. La société se rendit dans la salle du passé, qu'on avait ornée de décorations brillantes et merveilleuses. De longues draperies bleu de ciel, relevées par des franges et des glands d'argent, couvraient presque entièrement les murs. Le sarcophage était éclairé par quatre grands candelabres; quatre jeunes garçons, couverts de tuniques bleues et brodées d'argent, se tenaient auprès, et semblaient rafraîchir l'air en agitant des éventails autour d'un corps étendu sur le sarcophage. Dès que chacun eut pris sa place, deux chants invisibles demandèrent d'une voix mélodieuse :

Quel nouvel hôte vient dans cette paisible demeure ?

Et la voix argentée des jeunes garçons répondit :

Nous vous amenons une compagne trop tôt fatiguée de la vie. Souffrez qu'elle repose parmi vous, jusqu'au jour où ses sœurs du ciel la réveilleront par leurs joyeux concerts.

LE CHŒUR.

Toi, qui la première apportes ta jeunesse parmi nous, sois bien-venue, quoique venue trop tôt. Mais que pas une jeune fille, pas un jeune garçon ne te suive. Que la seule vieillesse s'approche froide et résignée sous ces voûtes silencieuses. Reposes dans cette grave demeure, enfant, cher enfant.

LES JEUNES GARÇONS.

Ah! pourquoi faut-il vous l'amener sitôt! Elle va donc rester ici! Laissez-nous rester aussi et pleurer, pleurer sur son tombeau.

LE CHŒUR.

Voyez ses ailes puissantes, sa robe blanche et légère! Comme l'écharpe d'or brille sur sa tête! Que son repos est doux et majestueux!

LES JEUNES GARÇONS.

Ah! ses ailes ne l'enlèvent point ; les jeux ne font plus mouvoir les plis de sa robe ; et quand nos roses couronnaient sa tête, elle nous regardait alors, fière et gracieuse.

LE CHŒUR.

Regardes dans la tombe avec les yeux de l'esprit, avec cette force vivante de l'imagination, qui transporte au-delà des étoiles une vie plus noble et plus belle.

LES JEUNES GARÇONS.

Oui, mais elle est perdue pour nous ; elle n'ira plus courir dans le jardin et cueillir les fleurs de la prairie. Laissez-nous pleurer, nous vous l'abandonnons. Laissez-nous pleurer et rester près d'elle.

LE CHOEUR.

Enfans, retournez dans la vie : que la brise si fraîche, qui se joue autour du ruisseau tortueux, sèche vos larmes. Sortez de la nuit. Le jour, la joie, la durée, c'est le partage des vivans.

LES JEUNES GARÇONS.

Oui, nous retournons dans la vie. Que le jour nous donne le travail et la joie; que le soir nous amène le repos, et la nuit un sommeil rafraîchissant.

LE CHOEUR.

Enfans, hâtez-vous; remontez dans la vie : que l'amour s'offre à vous sous les traits de la beauté, avec sa robe blanche, son regard céleste, et sa couronne immortelle.

Les enfans s'éloignèrent, et l'abbé s'avança derrière le sarcophage. « C'est, dit-il, la volonté de celui qui prépara cette paisible demeure, qu'on fasse à chacun de ses nouveaux habitans un accueil solennel. Auprès du fondateur de ce temple du repos, nous venons de déposer une jeune étrangère, et ce petit espace contient déjà deux victimes bien différentes de la déesse sévère, capricieuse et inexorable. Le fil le plus délié se prolonge au-delà de notre attente, et le fil plus fort est coupé tout-à-coup par le ciseau d'une Parque qui semble se plaire aux contradictions. La jeune créature à laquelle nous rendons les derniers devoirs, nous est peu connue. Nous ignorons sa patrie, ses parens; à peine pouvons-nous déterminer son âge. Son ame profonde se fermait à nos regards, et tout en elle fut pour nous un mystère, hors son amour pour l'homme généreux qui l'arracha des mains d'un barbare. Cette tendre affection, cette reconnaissance passionnée fut comme la flamme qui consuma sa vie. Mais si l'art, si la plus tendre amitié n'ont pu retenir la belle ame qui nous échappait, l'art du moins a déployé ses ressources pour conserver le corps, et le disputer au passé. Le baume a coulé dans ses veines, et colore maintenant, à défaut du sang, ces joues sitôt flétries. Approchez, mes amis, et voyez les prodiges de l'art et de l'amitié. »

Il souleva le voile : la jeune fille avait les vêtemens et les traits d'un ange; couchée dans une attitude gracieuse, et comme endormie. Tous les assistans s'approchèrent et crurent à son réveil. Wilhelm seul resta sur sa chaise ; ses genoux ne l'eussent point soutenu. Il n'osait penser à ce qu'il éprouvait, et chaque pensée troublait son ame.

L'abbé, par égard pour le marquis, s'était exprimé en langue française. Celui-ci s'était approché comme les autres et considérait avec attention la jeune fille. Cette bonne ame, ajouta l'abbé, fermée pour les hommes, eut toujours pour son Dieu une sainte confiance. Elle s'humiliait et prenait plaisir à s'abaisser, comme par un instinct naturel. Elevée dans la religion catholique, elle en pratiquait les devoirs avec ferveur, elle a plus d'une fois témoigné le désir de reposer en Terre-Sainte, et nous avons fait consacrer, d'après l'usage de l'Eglise, ce marbre et le peu de terre caché sous la pierre qui soutient sa tête. Avec quelle ardeur elle embrassait à ses derniers momens l'image du Christ gravée en points bleus sur son petit bras. Il découvrit en disant ses mots le bras droit de Mignon, et l'on vit sur sa peau blanche un crucifix entouré de lettres et de signes mystérieux.

Le marquis examinait plus attentivement. O Dieu! s'écria-t-il en se relevant et tendant les mains vers le ciel. « Pauvre enfant ! pauvre nièce ! C'est toi que je retrouve ici. O triste joie ! toi, que nous avons désespéré de jamais revoir. Ces membres chéris, que nous avons crus dévorés par les poissons de notre lac, je les revois glacés par la mort, mais conservés par l'art. J'assiste à tes funérailles honorées par cette pompe extérieure et plus encore par les ames généreuses qui t'accompagnent au temple du repos. Ah ! si je pouvais parler, je vous remercierais.... »

Ses larmes l'empêchèrent d'en dire davantage. L'abbé pressant un ressort fit retomber le corps dans le fond du sarcophage. Les rideaux s'ouvrirent alors, quatre jeunes gens parurent, vêtus comme les quatre enfans, et déposèrent sur la tombe le lourd plateau de marbre poli qui devait la couvrir.

LES JEUNES GENS.

Il est maintenant en sûreté, ce précieux trésor, cet emblème touchant du passé. Là, sous le marbre elle repose impérissable; et dans vos cœurs, elle vit, elle respire encore. Remontez, remontez dans la vie : emportez avec vous la pensée sainte ; la pensée sainte fait seule de la vie l'éternité.

Le chœur invisible répèta ces derniers mots, mais personne dans l'assemblée n'avait entendu ses fortes paroles, chacun était occupé de la découverte du marquis et de ses propres impressions. L'abbé et Natalie se chargèrent du marquis; Thérèse et Lothario aidèrent Wilhelm à s'éloigner.

CHAPITRE XI.

Le lendemain, le marquis dit à Wilhelm : « Je ne veux point troubler les cendres de ma pauvre nièce ; qu'elle reste aux lieux témoins de son amour et de ses souffrances, mais que ses amis me promettent de venir un jour dans sa patrie, de visiter les lieux où fut élevée la pauvre créature, et de voir ces colonnes et ces statues dont il lui restait un confus souvenir. Je vous guiderai sur le rivage où elle ramassait des coquilles. Je pars demain : voulez-vous, comme l'abbé vous l'a proposé, parcourir avec moi l'Allemagne ? Prenez votre enfant ; s'il nous incommode, nous nous rappelerons vos tendres soins pour ma pauvre nièce. »

Le même soir on fut surpris par l'arrivée de la comtesse. A son entrée, Wilhelm tremblait de tous ses membres, et la comtesse, quoique préparée à sa présence, s'appuyait sur sa sœur qui lui offrit une chaise. Que ses vêtemens étaient simples ! que ses traits étaient changés ! Wilhelm osait à peine la regarder ; elle lui fit un salut amical, et prononça quelques mots insignifians, mais inutiles : on voyait son trouble. Le marquis s'était couché de bonne heure, et la société ne songeant pas encore à se séparer, l'abbé tira de sa poche un manuscrit : « Je viens d'écrire, dit-il, l'histoire singulière de la jeune fille, telle qu'elle me fut racontée. » On mit la comtesse au fait des circonstances, et l'abbé commença :

« Mon père, dit le marquis, me paraît aujourd'hui que j'ai vu le monde, avoir été le plus singulier de tous les hommes. Son caractère était noble et droit, ses idées larges et même élevées : sévère pour lui-même, ses plans étaient suivis avec une constance inébranlable, et ses actions soumises au même principe. On pouvait donc en sûreté traiter avec lui ; mais ces mêmes qualités l'éloignaient du monde ; il eut voulu faire observer à l'état, à ses voisins, à ses enfans, à ses domestiques, les lois qu'il s'imposait à lui-même. Sa sévérité exagérait jusqu'à ses moindres prétentions, et le bonheur n'était pas fait pour lui, puisque jamais les événemens n'étaient comme ses idées.

» Au moment où il faisait bâtir un palais, tracer de vastes jardins, et embellir une nouvelle propriété dans le site le plus enchanteur, je l'ai vu dans une sombre mélancolie, accuser le destin qui le condamnait aux privations et aux souffrances. Il gardait à l'extérieur une dignité imposante ;

ses plaisanteries étaient celles d'un homme supérieur à ses semblables ; il ne pouvait souffrir le blâme, et je le vis hors de lui-même, une fois dans ma vie, parce qu'on avait trouvé ridicule un de ses bâtimens. C'est dans le même esprit qu'il disposa de ses enfans et de sa fortune. Mon frère aîné fut élevé comme un homme qui pouvait espérer de grandes richesses ; je devais être ecclésiastique ; et mon jeune frère, soldat. J'étais vif, ardent, impétueux, habile à tous les exercices du corps, et mon jeune frère semblait porté par sa nature à la vie contemplative, aux sciences, à la musique, à la poësie. Ce ne fut qu'après une résistance opiniâtre, après une conviction complète de notre inaptitude réciproque au métier qu'il nous avait imposé, que mon père me permit de changer d'état avec mon frère. Il vit notre joie et gémit de notre imprudence. Plus il vieillissait, plus il sentait son isolement. Enfin il vécut presque seul ; il n'eut pour toute société qu'un vieil ami, son compagnon d'armes dans les guerres d'Allemagne, veuf et père d'une jeune fille, âgée de dix ans. Il venait d'acheter une petite terre dans le voisinage et visitait mon père à son heure, certains jours de la semaine, toujours accompagné de sa fille. Mon père, qu'il n'avait jamais contredit, s'habitua sur ses vieux jours à la société de cet homme, et ce fut le seul être qu'il trouvât supportable.

» Après sa mort, nous vîmes bientôt que le vieux militaire avait été largement gratifié, il n'avait pas perdu son temps ; il aggrandit ses propriétés et sa fille devenait un riche parti. Chaque jour développait ses grâces et sa beauté ravissante ; et mon frère aîné m'engageait en plaisantant à rechercher sa main.

« Cependant notre frère Augustin enfermé dans un cloître, s'y livrait sans réserve aux jouissances de la piété contemplative, à des impressions moitié physiques, moitié spirituelles, qui dans les premiers jours l'élevèrent jusqu'au troisième ciel, et le laissèrent bientôt retomber dans un abîme d'impuissance et de misère. Du vivant de mon père, il ne songeait point à revenir sur ses pas : qu'eut-il osé désirer ou proposer ? Mais après sa mort il vint nous voir plus souvent ; ses souffrances qui d'abord nous avaient affligés, devenaient plus supportables ; la raison avait triomphé. Mais la raison même lui montrait le bonheur et le salut sur le chemin de la nature, et bientôt il nous pressa de le délier de ses vœux ; il nous fit entendre qu'il aimait Sperata, notre voisine.

» Mon frère aîné avait long-temps souffert de la dureté de notre père, il fut attendri des malheurs d'Augustin. Nous avions pour confesseur de notre famille un vieillard respectable, nous lui fimes part des projets de notre jeune frère, en le priant avec instances, de les seconder et de les favoriser. Contre son habitude, il hésita; Augustin devint plus pressant, et nos recommandations plus vives, le prêtre se vit obligé de nous dévoiler son terrible secret.

» Sperata était notre sœur, elle était née du même père et de la même mère que nous : l'amour et les plaisirs des sens avaient encore une fois subjugué notre père à l'âge où l'époux semble avoir perdu ses droits. Une pareille aventure avait égayé tout le pays quelques années auparavant, et mon père, craignant le ridicule, résolut de derober à tous les regards ce fruit d'un amour tardif, mais légitimé, comme on cache ordinairement les fruits précoces d'une passion criminelle. Notre mère accoucha secrètement, et l'enfant fut porté chez le vieil ami de la maison qui consentit sans peine à la donner pour sa fille. L'aumônier qui seul avec lui savait le secret, s'était réservé le droit de découvrir le mystère dans un cas d'absolue nécessité. Après la mort de notre père, la jeune fille vivait sous la direction d'une vieille gouvernante, et nous savions qu'Augustin lui donnait des leçons de chant et de musique. L'infortuné nous pressant plus que jamais de rompre ses chaines pesantes pour d'autres chaînes plus douces, il fallait enfin lui faire ouvrir les yeux sur le bord de l'abîme.

» Il nous regarda d'un œil de colère et de mépris : « Gardez, dit-il, vos fables grossières pour les enfants et les imbécilles. Vous n'arracherez point Sperata de mon cœur, elle est à moi. Ecartez vos terribles fantômes, ils m'inquiéteraient sans me convaincre. Sperata n'est pas ma sœur, elle est ma femme. Oui, nous dit-il, avec transport, j'étais retranché du monde, au mépris de la nature, et cette fille angélique m'a fait remonter à la vie de l'homme; nos deux ames demandaient la même chaîne, et je bénis du moins mes souffrances et mes égaremens qui m'ont éloigné de toute autre femme, puisque je puis aujourd'hui me donner tout entier à la plus aimable fille. » Effrayés de cette découverte, affligés de sa situation, nous ne savions quel parti prendre; il nous dit avec vivacité : Sperata porte mon enfant dans son sein. L'aumônier épuisa tous les moyens que lui suggérait son zèle, mais le mal n'en devint que plus affreux. Nature, religion, morale, société furent contre lui des armes impuissantes. Il n'était qu'une loi sacrée, celle qui l'unissait à Sperata; il n'était qu'un titre respectable, ceux de père et d'épouse. « Ceux-là, dit-il, sont de la nature; pour les autres, préjugés et caprices. De grands peuples n'ont-ils pas approuvé le mariage entre frère et sœur? Laissez-là vos dieux, vous ne les nommez jamais que pour nous éblouir, nous détourner de la nature, et transformer en crime, par une honteuse violence, l'instinct le plus généreux Vous réduisez au plus funestes égaremens de l'esprit, aux plus honteux abus du corps les victimes que vous enterrez vivantes.

» Je puis parler, car j'ai souffert : des extases les plus délicieuses de l'enthousiasme, je suis retombé dans un affreux désert de néant, de désespoir, de vide et d'impuissance; des plus doux pressentimens d'une vie divine, dans l'incrédulité la plus obscure; je ne croyais pas à moi-même. J'ai bu jusqu'à la lie cette coupe aux bords enduits de miel, le poison a coulé dans toutes mes mes veines, et quand la généreuse nature m'a guéri par l'amour, le premier de ses bienfaits, quand je sens sur le sein de cette fille angélique, ma vie, la sienne, notre existence commune, quand je sens que de cette union vivante un troisième être va naître et nous sourire, vous m'ouvrez les flammes de votre enfer, de votre purgatoire qui n'ont jamais brûlé que des imaginations malades ! Vous opposez ces chimères aux jouissances d'un amour si vif, si réel, que rien n'en peut ternir la pureté.

Venez nous voir sous ces cyprès qui lèvent au ciel leurs têtes mélancoliques, sous ces ombrages où les citronniers et les orangers fleurissent près de nous, ou le myrthe gracieux nous offre ses tendres fleurs, et là, osez encore nous tendre vos noirs épouvantails. »

« C'est ainsi qu'il refusa long-temps de nous croire, et quand nos sermens confirmaient nos paroles, quand l'aumônier lui-même en attestait la vérité, loin de s'en laisser imposer, il nous répétait : « N'interrogez ni l'écho de vos cloitres, ni vos parchemins pourris, ni vos préjugés étroits, ni vos institutions; interrogez votre conscience et la nature, elle vous dira quels crimes lui font horreur, elle vous dira d'une voix sévère à quels forfaits elle a prononcé malédiction éternelle, irrévocable. Voyez les lis : l'époux et l'épouse ne sortent-ils pas de la même tige? La fleur qui fut leur mère ne les tient elle pas unis, et le lis n'est-il pas l'emblême de l'innocence? L'union du frère et de la sœur n'est-elle pas féconde? Ce que réprouve la nature, elle le condamne à haute voix : la créature qui ne doit pas exister, ne peut naître, la créature qui usurpe la vie doit être aussitôt détruite. Stérilité, existence douloureuse, chute précoce, voilà les signes de sa colère et de sa malédiction : sa vengeance est immédiate. Regardez autour de vous ce qu'elle a défendu et maudit, vous la reconnaîtrez sans peine. Dans le silence du cloître et dans le tumulte du monde, les hommes honorent et consacrent mille actions, sur lesquelles sa malédiction pèse sans cesse. Elle abaisse tristement ses regards sur l'indolente oisiveté comme sur l'excès du travail, sur le faste du riche, comme sur les haillons de la misère; elle nous commande la modération, tous les nœuds qu'elle a formés sont légitimes, et toutes ses opérations sont tranquilles. J'ai souffert, j'ai le droit d'être libre; Sperata est à moi, et la mort seule peut nous séparer. Mais comment pourrai-je la nourrir? comment serais-je heureux? c'est là votre inquiétude! je vais la rejoindre pour ne plus la quitter. »

Il cherchait un bateau pour passer à l'autre rive, nous parvînmes à le retenir, en le conjurant de ne point hasarder une démarche qui pouvait avoir les resultats les plus terribles; de réfléchir qu'il n'était plus libre dans la sphère de ses pensées et de ses théories, mais captif dans un cercle étroit où les lois des hommes se disaient inviolables comme les lois de la nature. L'aumônier nous fit jurer de ne point le perdre de vue, de ne point le laisser sortir du château, et nous quitta en promettant de revenir dans quelques jours.

Nos craintes se réalisèrent ; la force d'Augustin était dans la raison, mais la faiblesse dans le cœur. Les impressions religieuses se réveillèrent et le doute horrible erra dans son ame. Après deux jours et deux nuits effroyables, l'aumônier revint à son secours, mais en vain. Sa raison fière et libre osait l'absoudre, sa conscience, sa religion ses premières idées lui parlaient de son crime.

« Un matin nous trouvâmes son appartement vide, et une lettre sur sa table. Il déclarait que l'esclavage où l'on voulait le retenir, justifiait sa fuite; il allait rejoindre Sperata, il espérait leur échapper avec elle, résolu à tout braver si l'on tentait de les séparer.

» Nous tremblions à cette lettre, l'aumônier nous rassura. Il avait suivi de près notre pauvre frère, et les bateliers, au lieu de le porter à la rive opposée, le ramenèrent à son couvent. Epuisé par une veille de deux jours et de deux nuits, il s'endormit par une nuit paisible, au mouvement de la nacelle; il se réveilla dans les mains des moines, et ne releva sa tête que pour entendre le bruit des portes qui se fermaient sur lui.

» Alarmés de cette nouvelle captivité, nous fîmes à l'aumônier les plus vifs reproches, mais ce digne vieillard sut nous prouver, comme un médecin de l'ame, que notre pitié même pouvait tuer le malade. « Il n'agissait point, dit-il, de son propre mouvement, il suivait les ordres de l'évêque et du conseil supérieur. On voulait écarter les soupçons du monde et jeter sur les malheurs d'Augustin le voile sacré d'un châtiment religieux. On voulait épargner Sperata, et lui laisser ignorer que son amant fut son frère. Elle fut confiée aux soins d'un ecclésiastique, depuis long-temps dépositaire de ses secrets. Sa grossesse et son accouchement furent cachés. Elle fut heureuse mère du moins, en voyant son nouveau-né. Comme la plupart de nos jeunes filles, elle ne savait pas écrire, ni lire ce qu'on avait écrit, le religieux fut chargé de ce qu'elle voulait dire à son amant.

« Celui-ci crut devoir un pieux mensonge à la jeune mère, nourrice de son enfant; il lui apportait des nouvelles d'Augustin, la consolait en son nom, la priait de prendre soin d'elle-même et de son enfant, et de confier à Dieu le soin de l'avenir.

» Sperata était naturellement portée à la dévotion : son état et la solitude fortifièrent ce penchant, et le religieux en profita pour la préparer à une séparation éternelle. Dès qu'elle eut sevré son enfant, dès qu'il lui crut assez de forces physiques pour supporter les douleurs de l'ame, il lui peignit des plus sombres couleurs son égarement, la faute de s'être livrée à l'homme de Dieu, péché contre nature, union incestueuse. Par une idée assez bizarre, il voulait sans tout dire éveiller en elle le même repentir qu'elle eut éprouvé, en apprenant les liens naturels qui l'unissaient à son amant. Par ce moyen il portait dans son ame la douleur et les remords, il élevait à ses yeux la puissance de l'église et de son chef, il lui montrait la perte des ames si l'église se relâchait en pareil cas et favorisait le désordre en légitimant encore ce qu'elle doit punir. Il fallait donc expier dans le temps une faute si grave, et mériter par la pénitence la couronne de la vertu.

« Sperata, pauvre pécheresse, offrit elle-même au ciseau sa belle chevelure, et demanda comme une grâce qu'on la séparât à jamais d'Augustin. Après avoir obtenu d'elle ce grand sacrifice, il lui fut permis d'habiter tour à tour, mais sous la surveillance de la religion, son ancienne demeure et le monastère.

« Cependant l'enfant croissait très-rapidement, et montrait dès-lors un caractère singulier. Elle courut de bonne heure ; elle était agile et légère ; elle chantait avec grâce, et jouait de la guitare comme par inspiration. Mais elle pouvait à peine s'exprimer par des mots, et cette difficulté semblait résider plutôt dans son esprit que dans les organes de la parole. La pauvre mère n'éprouvait pour sa fille qu'un amour pénible, les discours du prêtre avaient troublé ses idées ; ce n'était point le délire, mais la plus étrange confusion. Sa faute lui paraissait tous les jours plus affreuse et plus criminelle ; le prêtre avait tant de fois parlé par comparaison de commerce incestueux, que ce mot gravé dans son ame la remplissait d'horreur, comme s'il eut dit : ta faute est un inceste. Le prêtre se glorifiait d'avoir avec tant d'art déchiré le cœur de l'infortunée créature. O spectacle douloureux ! la tendresse maternelle voulait fêter cet enfant, se réjouir de son existence, et se glaçait à l'affreuse idée que ce même enfant ne devait pas être. Ces deux idées se disputèrent long-temps son ame ; enfin l'horreur l'emporta sur l'amour.

« On avait depuis long-temps arraché de ses bras la petite fille pour la porter chez de bons paysans, et là, se trouvant plus libre, elle se livra bientôt au singulier plaisir de grimper. Gravir les crêtes des rochers, courir sur les bancs des vaisseaux, imiter les tours de force des sauteurs qu'elle voyait par le pays, était chez elle un instinct naturel.

» Pour être plus agile, elle aimait à changer d'habit avec les petits garçons, et quoique cet échange parût à ses tuteurs très-indécent et très-dangereux, cependant on fermait le plus souvent les yeux sur cette fantaisie.

» Souvent ses courses aventureuses la conduisaient très-loin, elle s'égarait, restait dans la campagne et revenait toujours. Souvent, à son retour elle se cachait dans une maison de campagne voisine, parmi les colonnes du portique: on ne la cherchait plus, on l'attendait. Tantôt elle reposait sur les degrés de l'édifice, tantôt elle courait dans les grandes salles, regardait les statues et revenait à la maison, quand on ne voulait pas la contraindre.

» Mais notre coupable négligence fut bientôt punie. L'enfant ne revint plus, on vit son chapeau flotter sur l'eau, non loin de l'endroit où un torrent se jetait dans le lac. Sans doute son pied avait glissé sur la crête des rochers : on chercha vainement son corps.

» Le babil imprudent de ses compagnes apprit bientôt à Sperata la mort de son enfant : elle parut tranquille et contente, et fit même éclater sa joie, parce que Dieu rappelait à lui la pauvre créature et la préservait peut-être d'une longue suite de malheurs.

» A cette occasion les vieilles traditions populaires sur les propriétés du lac, coururent le pays.

» On disait que tous les ans le lac dévorait un enfant innocent, mais qu'il ne souffrait pas de cadavre dans son sein, qu'il le rejetait tôt ou tard sur le rivage, et que les plus petits ossemens tombés dans le fond de ses eaux revenaient à la surface. On racontait l'histoire d'une mère inconsolable dont le fils était tombé dans le lac, et qui conjura Dieu et les saints de lui donner au moins les restes de son enfant pour l'ensevelir. La première tempête jeta la tête sur le rivage, la seconde y poussa le tronc, et quand tous les ossemens furent recueillis, elle les porta dans un drap à l'église. O miracle! à ses premiers pas sous la voûte du temple son fardeau devient plus lourd, il est à peine déposé sur les degrés de l'autel que l'enfant jette un cri, soulève le drap et paraît aux regards du peuple effrayé. Il lui manquait seulement un os du petit doigt, qui fut cherché plus tard, retrouvé par la mère et déposé par la suite parmi les reliques de l'eglise, en mémoire du miracle.

» Ces histoires frappèrent l'esprit de la pauvre mère, et son imagination prenant un nouvel essor, exalta les sentimens de son cœur. Elle se persuada que l'enfant, par sa mort, expiait ses fautes et celles de ses parens, levait l'anathême et le châtiment qui pesaient sur leur tête. Il fallait seulement retrouver les ossemens de sa fille et les porter à Rome ; l'enfant renaîtrait dans l'église de Saint-Pierre sur les degrés du grand autel, et se leverait devant le peuple, plus frais et plus beau. Il regarderait avec joie son père et sa mère, et le pape apprenant par là que Dieu et les saints ont pardonné, s'empresserait, au milieu des acclamations du peuple, de remettre aux deux amans leurs péchés, de les absoudre et de les unir.

» Dès lors ses regards et son esprit furent sans cesse tournée vers le lac et son rivage. Si, par une belle nuit, le vent soulevait les flots, il lui semblait que la vague blanchissante apportait son enfant, il fallait, par pitié pour elle, courir sur le rivage, pour le recevoir.

» Pendant le jour elle courait, infatigable, sur les sables du rivage, et ramaissait dans une corbeille tous les os qu'elle trouvait. Personne n'osait lui dire que ce n'était pas des ossemens humains ; elle enterrait les plus gros et conservait les petits, elle passait tous les jours à cette triste occupation. Le religieux dont le zèle excessif avait eté si fatal à sa pénitente, veilla plus que jamais sur sa destinée. Par son influence, elle passa dans le pays pour une inspirée et non pour une folle : on joignait les mains sur son passage, et les enfans venaient lui baiser les mains.

» La gouvernante, dont la funeste complaisance avait favorisé cette malheureuse union, ne reçut du prêtre l'absolution de ses péchés, qu'à la condition que désormais fidèle à sa maîtresse, elle lui consacrerait le reste de ses jours, devoir dont elle s'est acquittée avec un zèle et une patience admirables.

» Cependant nous n'avions pas perdu de

vue notre frère : les supérieurs et les médecins ne nous permettaient pas de paraître devant lui, mais on voulut nous convaincre que ses mouvemens étaient libres, et nous pûmes le voir de loin se promenant dans le jardin et dans les cloîtres, ou regarder par une fenêtre de sa cellule.

» Après plusieurs révolutions violentes, dont je ne vous ferai point le tableau, il était tombé dans un état singulier : son esprit était calme et son corps toujours en mouvement. Il ne s'assseyait que pour pincer de la harpe et chanter des airs touchans qu'il improvisait avec facilité. Du reste toujours en mouvement mais souple et docile, toutes ses passions semblaient s'être absorbées dans l'unique crainte de la mort. On pouvait le déterminer à tout en le menaçant d'une maladie mortelle.

» Outre cette manie singulière de courir partout dans le cloître en répétant qu'il serait bien plus heureux d'errer dans les vallées et sur les montagnes, il parlait encore d'une apparition qui le tourmentait sans cesse. Il prétendait qu'à son réveil, à toute heure de la nuit, il voyait au pied de son lit un jeune garçon d'une beauté ravissante qui le menaçait d'un poignard étincelant. On le transporta dans une autre chambre; mais là, et enfin dans tout le cloître, il voyait sans cesse le petit garçon derrière lui : il courait plus vite, et l'on se rappela dans la suite qu'il s'était mis à la fenêtre plus souvent qu'à l'ordinaire, et promenait ses regards sur le lac.

« Cependant notre pauvre sœur frappée d'une seule idée, uniquement occupée de son travail, dépérissait de jour en jour, et le médecin décida qu'il fallait en plusieurs fois glisser parmi les os qu'elle ramassait le squelette d'un enfant pour exalter ses espérances. Le succès de l'épreuve était douteux : mais au moins, quand toutes les parties du corps seraient rassemblées, elle ne les chercherait plus et l'on pouvait lui faire espérer un voyage à Rome.

« Sa gardienne mit à la place des os qu'avait recueillis Sperata, les os que lui donnait le médecin et la pauvre malade fut transportée d'une joie incroyable, lorsqu'elle vit les parties du corps se rejoindre peu-à-peu, et qu'elle put compter celles qui manquaient encore. Elle remettait avec un soin infini les membres dans leur place, les attachait avec du fil et des rubans, et remplissait les vides de soie et de broderies, comme on fait pour les reliques des saints. Il ne manquait plus aux membres du squelette que les extrémités. Un matin qu'elle dormait encore, et que le médecin venait s'informer de son état, la vieille tira les reliques de la cassette, posée près du lit de la malade, pour lui montrer l'ouvrage de sa maîtresse. Aussitôt elle saute en bas de son lit, et trouve la canette vide. Elle se jette à genoux, on accourt, on l'entend prier Dieu avec joie et ferveur. « Ce n'est point une illusion, dit-elle, je l'ai vue! réjouissez-vous avec moi mes amis, je l'ai revue vivante, la bonne, la belle créature! Elle soulevait le voile et le rejetait loin d'elle, elle remplissait la chambre de son éclat, de sa beauté glorieuse, elle voulait et ne pouvait toucher la terre. Elle glissa dans les airs, et ne put me donner la main. Mais elle m'appelait et me montrait le chemin que je dois suivre. Je le suivrai et dans peu de jours, il me sera si facile de le suivre. Plus de chagrin! l'as pect de ma fille et sa résurrection m'ont fait sentir un avant-goût des joies célestes.

» Depuis ce temps son ame s'occupait sans cesse d'un riant avenir, elle n'avait plus d'attention pour les objets de la terre, elle prenait peu de nourriture, et son esprit se dégageait insensiblement des liens du corps. Un jour on la trouva pâle et froide, elle n'ouvrit plus les yeux, elle était morte.

» Le bruit de sa vision s'était répandue dans le peuple, le respect qu'elle inspirait vivante, s'imprima plus fortement dans les ames après sa mort : on la mit au rang des bienheureuses, des saintes de l'église.

» Au moment de l'enterrer, la foule s'approcha avec une ardeur incroyable : on voulait au moins toucher sa robe et baiser sa main. Dans le fort de l'enthousiasme, différens malades ne ressentaient plus leurs longues souffrances, ils se croyaient guéris, ils rendaient témoignage et louaient Dieu et sa nouvelle sainte. L'évêque fut obligé de mettre le corps dans une chapelle, le peuple put enfin y déposer ses offrandes, et l'affluence fut prodigieuse. Les habitans des montagnes si portés d'eux-mêmes à l'exaltation religieuse, sortaient de leurs vallées; les offrandes, les miracles, et les adorations augmentaient tous les jours. Les ordonnances pastorales qui voulurent réprimer un pareil culte et le détruire insensiblement, ne pouvaient être exécutées; le peuple résistait chaque fois avec violence, prêt à sévir contre les incrédules. « Saint-Borromée, disaient-ils, n'a-t-il pas aussi vécu parmi nos ancêtres? et son exaltation n'a-t-elle pas réjoui la longue vieillesse de sa mère. N'a-t-on pas voulu, par cette grande figure qui s'élève sur les rochers d'Arona, faire comprendre à nos sens sa grandeur spirituelle. Ses parens ne sont-ils pas encore au milieu de nous? Dieu n'a-t-il pas promis de renouveler les miracles dans le peuple fidèle. »

» Au bout de quelques jours le corps n'offrait pas un seul signe de corruption, il était blanc et comme transparent. La foi populaire s'en accrut, et l'on vit dans la foule diverses guérisons que l'observateur le plus attentif n'aurait pu facilement expliquer ou convaincre d'imposture. Tout le pays était en mouvement, et celui-même qui n'allait pas en pélérinage, n'entendit long-temps parler que de la nouvelle sainte.

» Le couvent de mon frère, retentissait comme toute la contrée du bruit de ces miracles, et l'on évita d'autant moins d'en parler en sa présence qu'il n'écoutait jamais, et que d'ailleurs on ne connaissait pas son histoire. Cette fois il avait écouté très-attentivement, et son évasion fut si rapide qu'on ne put la comprendre. On apprit par la suite qu'il s'était embarqué avec d'autres pélerins, et qu'il avait instamment prié les bateliers de ne point submerger le bateau, cette nuit là, sans leur donner du reste aucun autre signe de folie.

» Il vint au milieu de la nuit dans la chapelle où sa malheureuse amante reposait après ses longues souffrances : quelques pélerins priaient dans un coin ; sa vieille amie était assise près de sa tête. Il s'approche en la saluant et lui demande comment se porte sa maîtresse ? « Vous le voyez, dit-elle, effrayée de sa présence. » Ses regards se détournaient de la dépouille mortelle. Après avoir hésité quelque temps, il prit sa main : elle était froide. Il la laissa retomber, jeta ses regards autour de lui, et dit tranquillement à la vieille : « Je ne puis maintenant rester près d'elle, j'ai un long voyage à faire : mais je serai de retour au rendez-vous : avertissez-la à son réveil. »

» Il partit, et nous l'apprîmes trop tard; on fit dans toutes les directions des recherches inutiles. Il a dû souffrir dans les vallées et dans les montagnes des fatigues qui surpassent toute croyance. Enfin long-temps après on retrouva ses traces dans le pays des Grisons; il était trop tard, elles furent bientôt perdues. On soupçonna qu'il avait gagné l'Allemagne, mais la guerre eut bientôt détruit quelques faibles indices. »

CHAPITRE XII.

L'ABBÉ avait fini de lire, et tout le monde pleurait encore. La comtesse tenait son mouchoir à ses yeux, elle se leva précipitamment et sortit de la chambre avec Natalie. « Maintenant, dit l'abbé, il reste à savoir si nous devons laisser partir le bon marquis sans lui découvrir notre secret. Car on ne peut douter qu'Augustin et le joueur de harpe ne soient une seule et même personne. Il faut décider ce que nous avons à faire, dans l'intérêt de ce malheureux comme dans celui de sa famille. Mon avis serait de ne rien précipiter, et d'attendre les nouvelles que nous apportera le médecin. »

Chacun fut du même avis, et l'abbé continua : « il se présente, dit-il, une autre question peut-être plus facile à résoudre ; le marquis est vivement touché de l'hospitalité généreuse que sa nièce a trouvée près de nous, et surtout près de notre jeune ami. Il s'est fait raconter deux fois en détail toute l'histoire de la jeune fille, et montrait en m'écoutant, la plus tendre reconnaissance. Ce jeune homme, a-t-il dit, a refusé de partir avec moi quand il ne connaissait point les liens qui nous unissent. Je ne suis plus désormais un étranger dont il ne connaîtrait ni l'humeur, ni la manière de vivre ;

je suis son obligé, ou si vous le voulez, son parent; son enfant qu'il ne veut pas quitter, et qui seul l'empêchait de s'unir à ma destinée, son enfant doit être aujourd'hui pour nous le nœud d'une éternelle amitié. Il a déjà de grands titres à ma reconnaissance ; qu'il daigne encore m'être utile dans mon voyage, qu'il revienne avec moi dans ma patrie ; mon frère aîné le recevra comme moi-même. Qu'il ne rougisse pas d'être l'héritier de sa pupille : d'après un contrat secret de mon père avec son vieil ami, la fortune qu'il destinait à sa fille, rentre dans nos mains, et nous ne priverons pas le bienfaiteur de notre nièce d'une récompense qu'il a si bien méritée. »

« Je m'abandonne entièrement à mes amis, dit Wilhelm, et je me mets sous leur direction ; c'est en vain qu'on voudrait dans ce monde agir à sa volonté. Je voulais résister, et je me laisse entraîner ; une bienveillance que je n'ai point méritée m'en impose la loi. »

Sur cette déclaration l'abbé forma son plan sans désemparer. On laisserait partir le marquis; Wilhelm attendrait le rapport du médecin, et quand on saurait à quoi s'entretenir, il pourrait se mettre en route avec son fils. Il fit entendre au marquis que les préparatifs de son jeune ami ne devaient point le retenir, et qu'en l'attendant à la ville voisine, il aurait le temps d'en voir les curiosités. Le marquis prit congé d'eux, mais non pas sans les assurer mille fois de sa reconnaissance, dont les présents qu'il laissa donnèrent d'ailleurs des preuves suffisantes : ils consistaient en diamans, en pierres précieuses et en riches étoffes.

Le soir le médecin parut, suivi d'un étranger d'une taille et d'une figure imposante : personne ne le connaissait. Les deux nouveaux venus se turent quelque temps. Enfin l'étranger s'avança vers Wilhelm, et dit en lui tendant la main : « ne reconnaissez-vous plus votre vieil ami. » C'était la voix du joueur de harpe, mais ce n'étaient plus ses traits. Son costume était celui d'un voyageur, ses vêtemens étaient propres et décents, sa longue barbe avait disparu, ses cheveux avaient presque une tournure élégante ; mais ce qui surtout le rendait méconnaissable, sa physionomie sévère ne portait plus l'empreinte de la vieillesse. Le jeune homme l'embrassa en poussant un cri de joie, et le présenta à la société : ses manières étaient décentes, il ne savait pas qu'on venait d'entendre son histoire. « Vous aurez, dit-il avec calme, de l'indulgence pour un homme qui paraît vieux, mais qui fatigué par de longues souffrances rentre aujourd'hui dans le monde comme un enfant sans expérience. C'est à ce brave homme que je dois le bonheur de reparaître aujourd'hui parmi mes semblables. »

Le médecin tourna la conversation sur des objets indifférens : mais quand Augustin fut éloigné, il satisfit en ces mots la curiosité de ses amis : « Cette guérison merveilleuse fut dans nos mains l'ouvrage du hasard. Nous l'avions traité long-temps d'après nos principes, au moral comme au physique, et nous pouvions déjà nous féliciter de quelque succès, mais la crainte de la mort le tourmentait toujours; il ne voulait point nous faire le sacrifice de sa barbe et de sa longue robe : du reste, il prenait plus d'intérêt aux choses de ce monde, et ses chants, comme ses idées, semblaient se rattacher à la vie. Vous savez qu'une lettre pressante du pasteur me rappela tout-à-coup. A mon arrivée, je trouvai le malade tout changé ; il avait de lui-même coupé sa longue barbe, et permis qu'on donnât à ses cheveux une tournure plus moderne. Il demandait des habits ordinaires, et semblait tout-à-coup devenir un autre homme. Il nous tardait d'apprendre la cause d'un pareil changement, et cependant nous n'osions l'interroger ; mais le hasard nous découvrit ce singulier mystère. Un flacon d'opium manquait dans la pharmacie du pasteur : on fit aussitôt de sévères perquisitions, mais chacun repoussait les soupçons avec énergie, et nous fûmes témoins de scènes très-violentes entre les gens de la maison. Enfin cet homme vint à nous, et nous avoua qu'il avait pris l'opium. On lui demanda s'il l'avait bu : «Non, dit-il, mais je dois à ce précieux trésor le retour de ma raison. Vous pouvez m'ôter ce flacon, mais vous me verrez à l'instant retomber pour toujours dans mon ancien état. Je sentis d'abord qu'il me serait doux de voir finir par la mort les douleurs que je traîne en ce monde, et ce fut un premier pas vers la guérison : bientôt l'idée me vint d'y mettre un terme par une mort volontaire, et je pris ce flacon ; aussitôt le pouvoir de terminer mes malheurs me donna le courage de les supporter, et depuis que je possède ce talisman, c'est le voisinage de la mort qui me rappelle à la vie. Ne craignez point que j'en fasse usage, mais consentez, vous qui connaissez le cœur humain, à me rendre indépendant de la vie même, pour me faire aimer la vie. » Après de mûres réflexions, nous l'avons laissé tranquille possesseur du poison qu'il porte sur lui comme un antidote, dans un flacon solide et bien bouché. »

On instruisit le médecin de ce qu'on avait découvert pendant son absence, et l'on convint de garder vis-à-vis d'Augustin le plus profond silence. L'abbé se chargea de le surveiller, et de le maintenir dans la bonne route.

Wilhelm devait cependant rejoindre le marquis, et parcourir avec lui l'Allemagne ; si l'on pouvait réveiller dans le cœur d'Augustin le désir de revoir sa patrie, on se proposait de découvrir son existence à ses frères, et Wilhelm le reconduirait à sa famille.

Quand celui-ci eut terminé ses préparatifs, Augustin se réjouit d'apprendre que son ancien ami, son bienfaiteur, allait s'éloigner pour long-temps; on ne pouvait comprendre sa joie, mais bientôt l'abbé pénétra le motif d'un sentiment si bizarre. Augustin ne pouvait surmonter la peur qu'il avait de Félix, et voulait voir l'enfant partir le plus tôt possible.

Tant d'amis venaient d'arriver les uns après les autres, que le château et les deux corps de logis pouvaient à peine contenir toute la société. Elle s'accrut tout-à-coup par l'arrivée du comte qui venait chercher son épouse, et, à ce qu'il paraissait, prendre un congé solennel de ses parens, selon la chair. Jarno vint le recevoir à sa voiture. Le comte lui demanda quelle société il trouverait au château. « Très-nombreuse, dit Jarno avec cette folle gaîté que la présence du comte lui inspirait toujours: nous avons toute la noblesse du monde, marquis, *markese*, *milords* et barons, il ne manquait plus qu'un comte. » Ils montèrent ensemble, et Wilhelm vint le premier à leur rencontre dans le vestibule. « Milord, lui dit le comte en Français, après l'avoir bien examiné, je ne m'attendais pas au plaisir de renouveler ici votre connaissance; car, si je ne me trompe, je dois vous avoir reçu chez moi dans la suite du prince. » « J'avais alors, répondit Wilhelm, le bonheur de servir son excellence, mais vous me faites trop d'honneur en me prenant pour un Anglais de distinction; je suis Allemand..... »

« Et un brave jeune homme, dit Jarno. »

Le comte regarda Wilhelm en souriant, et se disposait à répliquer; mais la société survint, et lui fit l'accueil le plus aimable. Dès qu'il fut libre, il courut rejoindre Jarno. « Aidez-moi donc, lui dit-il, à reconnaître ce jeune homme que vous nommez Meister, et qui se dit Allemand. » Jarno se tut; il savait que le comte était comme beaucoup de gens, qui demandent qu'on les instruise, avec l'intention d'instruire eux-mêmes : en effet, le comte n'attendit point sa réponse. « Vous m'aviez présenté, dit-il, et recommandé ce jeune homme au nom du prince. Si sa mère est Allemande, je soutiens que son père est Anglais et homme de qualité; qui pourrait compter tout le sang breton qui, depuis trente ans, coule dans les veines allemandes? Je n'insiste plus : vous avez toujours de pareils secrets de famille, mais on ne m'en impose guère en pareil cas. »

Là-dessus il raconta ce que Wilhelm avait dû faire autrefois dans son château, et Jarno se tut toujours, quoique le comte fût dans une erreur complète, et confondît sans cesse Wilhelm avec un jeune Anglais de la suite du prince. Ce digne seigneur avait eu dans sa jeunesse une excellente mémoire, et se piquait encore de se rappeler les moindres circonstances de ce temps-là; mais dans ce moment il débitait avec assurance, comme autant de vérités, une foule de combinaisons et de fables étranges, qu'inventait son imagination plus active depuis l'affaiblissement de sa mémoire. Du reste, il était fort doux et fort complaisant; sa présence ne fut pas sans avantages pour la société. Il proposait d'utiles lectures, ou même il arrangeait beaucoup de petits jeux; ne jouait pas lui-même, mais il les dirigeait avec le plus grand zèle, et si l'on s'étonnait de sa généreuse condescendance : « C'est mon devoir, disait-il ; quiconque s'éloigne du monde pour les grandes choses, doit se rapprocher de lui dans les choses indifférentes. »

Wilhelm, au milieu de ces jeux, fut soumis plus d'une fois à de rudes pénitences par l'étourderie de Frédéric, et ses allusions malicieuses aux sentimens de Wilhelm pour Natalie. Comment pouvait-il en parler? qui l'en avait instruit. Puisqu'ils étaient toujours ensemble, la société ne devait-elle pas croire que Wilhelm avait eu l'indiscrétion et le malheur de lui faire une pareille confidence?

Un jour que les jeux étaient plus folâtres qu'à l'ordinaire, Augustin ouvre la porte avec fracas et se précipite dans la salle; son visage était pâle, ses yeux hagards; il voulait parler, et sa langue était liée. Les dames s'épouvantent : Jarno et Lothario, craignant un accès de folie, se précipitent sur Augustin et le saisissent fortement. Il bégaye, il se débat; enfin, d'une voix sourde et terrible, il s'écrie : « Ne me tenez point, courez, courez, sauvez l'enfant! Félix est empoisonné. »

On le lâche, on se précipite vers la porte, on le suit avec effroi. On appelle le médecin, on arrive dans la chambre de l'abbé, où l'on trouve l'enfant, qui, voyant tout le monde effrayé, commence à s'effrayer lui-même. On lui crie de loin : « Petit malheureux, qu'as-tu fait? »

« Mon bon papa, dit Félix, je n'ai pas bu dans la bouteille, mais dans le verre, je mourais de soif. »

« Il est perdu! » s'écrie Augustin en se tordant les mains. Il perce la foule et prend la fuite. On trouva sur la table un verre d'orgeat, et auprès, un flacon à moitié vide. Le médecin accourut à son tour, et reconnut avec effroi le flacon d'opium. Il fit apporter du vinaigre, et employa pour sauver Félix toutes les ressources de son art.

Natalie fit porter l'enfant dans sa chambre, et prit soin de lui comme une tendre mère. L'abbé venait de sortir pour chercher Augustin et le forcer à s'expliquer. Le malheureux père avait fait lui-même des recherches inutiles, et vit à son retour la crainte et l'inquiétude sur tous les visages. Cependant le médecin venait d'analyser l'orgeat qui se trouvait dans le verre et d'y reconnaître une forte mixtion d'opium. L'enfant étendu sur un lit de repos paraissait très-malade : grâce, papa, criait-il, dis qu'on ne me tourmente plus. Lothario avait envoyé tous ses gens, et venait de partir à cheval lui-même à la poursuite d'Augustin. Natalie était assise près de Félix, il se réfugiait sur son sein, lui demandait en pleurant sa protection et un morceau de sucre ! le vinaigre était si mauvais ! Le comte entra dans la chambre avec quelque répugnance, regarda l'enfant d'un air grave, solennel, lui imposa les mains, les yeux tournés vers le ciel, et resta quelque temps dans cette attitude. Wilhelm, abattu par son désespoir, se leva tout-à-coup, jeta sur Natalie un regard douloureux et sortit de la chambre. Le comte ne tarda pas à le suivre.

« Je ne conçois pas, dit le medecin, au bout de quelque temps, qu'il ne se manifeste dans notre malade aucun symptôme alarmant. Une seule gorgée contient une dose d'opium plus que suffisante pour l'empoisonner, et je ne trouve en lui d'autre émotion que celle qu'ont dû produire et la scène dont il vient d'être le témoin, et les remèdes mêmes que nous employons. »

Jarno survint dans ce moment avec la nouvelle qu'on avait trouvé dans les combles du château Augustin baigné dans son sang, et près de lui le rasoir dont il s'était coupé la gorge. Le médecin courut à la rencontre des domestiques qui le descendaient sur un brancard. Sa blessure fut sondée, le coup avait porté dans les canaux de la respiration, la grande perte de sang avait produit un évanouissement, mais on vit bientôt que la vie n'était pas éteinte, et qu'on pouvait le sauver. Le médecin le fit porter sur un lit, rejoignit les parties séparées et banda la blessure ; la nuit se passa dans l'insomnie et dans l'inquiétude. Félix ne voulait point se séparer de Natalie. Wilhem était assis devant elle sur un tabouret, et soutenait sur son sein les pieds de son enfant : sa tête et son corps reposaient sur celui de Natalie : se partageant ainsi ce précieux fardeau et les fatigues de la veille, ils restèrent jusqu'aux premiers rayons du soleil dans cette posture incommode. Natalie avait donné sa main à Wilhelm, ils se taisaient et portaient tour à tour leurs regards sur l'enfant, ou l'un sur l'autre. Félix dormit d'un sommeil paisible, se réveilla de bonne heure en souriant, sauta par terre et demanda sa tartine de beurre.

Dès qu'Augustin fut en état de parler, on tenta de se procurer quelques éclaircissemens. On apprit peu-à-peu et avec beaucoup de peine qu'il avait trouvé le manuscrit de l'abbé, et lu sa propre histoire. Aussitôt il avait eut recours à son opium, et l'avait mêlé dans un verre d'orgeat, mais en l'approchant de ses lèvres, il avait tremblé : il l'avait posé sur la table, pour descendre dans le jardin et voir encore une fois le monde. A son retour, il avait trouvé l'enfant occupé à remplir le verre qu'il avait déjà vidé.

On engagea le malheureux à se calmer, il saisit brusquement la main de Wilhelm. « Hélas ! lui dit-il, pourquoi ne t'ai-je pas quitté depuis long-temps ? Je savais bien que je donnerais la mort à ton fils, et qu'il serait cause de la mienne. »

« Mon fils est vivant, répondit Wilhelm. » Le médecin, qui écoutait attentivement, lui demanda s'il avait empoisonné tout l'orgeat. « Non, dit-il, mais seulement le verre. » Aussitôt le médecin descendit et demanda doucement à Félix, en le caressant: « N'est-il pas vrai, mon enfant, que tu as bu dans la bouteille et non dans le verre? » L'enfant se mit à pleurer. Le médecin fit part à Natalie de ses espérances, elle essaya vainement de faire dire à Félix vérité, il pleura plus fort, et pleura tant qu'il s'endormit.

Wilhelm veilla près de lui et la nuit fut tranquille. Le lendemain matin on trouva Augustin mort dans son lit. Par un sommeil feint il avait trompé la vigilance de ses gardes, arraché l'appareil de sa blessure, et tout son sang s'était écoulé. Natalie mena promener Félix; il était gai comme dans ses plus beaux jours: « Tu es si bonne, lui disait-il, tu ne grondes pas, tu ne me bats jamais, je veux te dire tout: j'ai bu dans le flacon : maman Aurélie me battait toujours quand je prenais la caraffe, et mon père me faisait des yeux si méchans, que je craignais d'être battu.

Natalie vole au château, et rencontre Wilhelm encore tourmenté d'inquiétudes. « Heureux père, lui dit-elle, en lui jetant Félix dans les bras, voilà ton enfant. Il a bu dans la bouteille, et sa désobéissance l'a sauvé. »

On apprit cette heureuse nouvelle au comte qui la reçut en riant, sans dire un mot, mais avec la discrète générosité d'un sage qui supporte les erreurs des bonnes gens. Jarno, grand observateur de son métier, ne pouvait cette fois s'expliquer comment le comte était si content de lui-même, mais il apprit après bien des détours, que dans la conviction du noble seigneur, l'enfant avait été dûment empoisonné et sauvé par ses prières et par l'imposition des mains. Le comte annonça son départ; tous les paquets furent prêts comme à l'ordinaire, en un clin d'œil; en partant, la belle comtesse prit la main de Wilhelm, avant d'avoir lâché celle de Natalie, les joignit ensemble et se retourna rapidement pour monter en voiture.

Wilhelm était agité par les passions les plus violentes, tant d'incidens extraordinaires, de catastrophes terribles avaient ébranlé tout son être, et ne lui laissaient point la force de résister à l'amour qui s'emparait si fortement de son ame. Son fils lui était rendu, et rien ne lui manquait plus pour son voyage que le courage de s'éloigner. Il voyait bien que Thérèse et Lothario n'attendaient que son départ pour se donner l'un à l'autre. Au milieu de ses embarras, le médecin vint à son secours fort à propos, en le déclarant malade et en le soumettant comme tel à ses ordonnances.

Frédéric mettait souvent toute la société dans un étrange embarras en se permettant de penser tout haut. Il n'avait nullement l'air de croire à la maladie de Wilhelm. « Docteur, dit-il un soir, comment s'appelle le mal qui tourmente nôtre pauvre ami. Ne pouvez-vous lui donner un des trois mille noms dont vous parez votre ignorance ? Sans doute le cas s'est présenté souvent. J'en citerais bien un exemple, continua-t-il avec emphase, dans l'histoire d'Egypte ou de Babylone. »

On se regardait sans dire mot. « Comment déjà s'appelle le roi, dit-il, et il se tut un moment. Si vous ne voulez pas venir au secours de ma mémoire, je saurai bien m'aider moi-même. »

Il ouvrit la porte avec fracas, et montra le grand tableau de l'anti-chambre. « Comment s'appelle ce barbon couronné, qui pleure de chagrin au pied du lit de son fils malade ? Comment s'appelle la charmante femme qui vient d'entrer et qui porte dans ses yeux modestes et fripons, le venin et l'antidote ? Comment s'appelle ce charlatan de médecin, qui frappé tout-à-coup d'un trait de lumière fait pour la première fois de sa vie une ordonnance raisonnable, et prescrit un remède qui guérit radicalement, un remède aussi doux que salutaire ? »

On se taisait, on riait pour cacher son embarras. Une légère rougeur colora les joues de Natalie et trahit les mouvemens de son cœur. Elle eut la ressource de se promener de long en large avec Jarno, mais arrivée près de la porte, elle sortit très-adroitement, fit quelques tours dans l'antichambre et courut s'enfermer dans son appartement.

Frédéric, voyant qu'on se taisait, se mit à danser et à chanter.

Thérèse était allé rejoindre Natalie, et Frédéric mena le médecin devant le tableau, lui fit un pompeux éloge de la médecine et disparut.

Lothario restait seul dans l'embrasure d'une fenêtre, et regardait tranquillement dans le jardin. Wilhelm était dans une crise affreuse. Lorsqu'il se vit seul avec son ami, il garda quelque temps le silence, il jeta rapidement ses regards sur le passé, les ramena avec effroi sur le présent, et s'élança tout-à-coup vers Lothario : « Si c'est moi, dit-il, qui suis cause de ce qui se passe entre nous, punissez-moi ! Pour achever mon malheur, retirez-moi votre amitié et laissez-moi sans consolation errer dans un monde où j'aurais déjà dû me perdre.; mais si vous ne voyez en moi que la victime d'une destinée bizarre et cruelle, que je n'ai pu ni prévenir, ni détourner, dites-moi que vous êtes encore mon ami, et que l'assurance de votre amitié me suive dans un voyage que je ne puis différer plus long-temps. Il viendra un temps où je pourrai vous dire ce que j'éprouve aujourd'hui, et peut-être suis-je déjà puni maintenant de ne point vous avoir dévoilé mon cœur, d'avoir craint de paraître à vos regards tel que je suis; vous auriez pu me secourir quand il était temps encore. C'est à tort que nous nous plaignons de nous-mêmes, que nous accusons le destin. Nous sommes malheureux, destinés à l'être, et et n'est-ce pas la même chose que nous tombions dans l'abîme par notre propre faute ou par une impulsion irrésistible, par le vice ou par la vertu, par la sagesse ou par la folie? Adieu, je ne veux plus rester dans une maison où, malgré moi, j'ai si indignement violé les droits de l'hospitalité. L'indiscrétion de votre jeune frère est impardonnable, elle met le comble à mes malheurs et me réduit au désespoir. »

« Et que diriez-vous, répondit Lothario, si votre union avec ma sœur était la condition secrète à laquelle Thérèse consent à se donner à moi? Cette généreuse fille a cru vous devoir un tel dédommagement, elle a juré que les deux couples marcheraient le le même jour à l'autel. « Sa raison m'a choisie, dit-elle, mais son cœur demande Natalie, et ma raison viendra au secours de son cœur. » Nous étions convenus de vous observer l'un et l'autre; nous avions mis l'abbé dans notre confidence, mais en lui faisant promettre qu'il ne ferait aucune avance pour cette union et laisserait agir l'amour. Nous avons réussi, la nature a parlé, et Frédéric dans sa folie a secoué le fruit déjà mur. Formons dans ces lieux une société paisible, ce n'est point un rêve, c'est l'idée d'un bonheur que nous pouvons obtenir et que tant de gens simples et vertueux réalisent sans le savoir. Ma sœur nous en offre un bel exemple. Jamais on n'arrivera, par l'art même à cette pureté d'actions dont la nature fit la loi de cette belle ame. Elle mérite plus que tout autre ce titre glorieux, et j'oserais dire plus que notre vertueuse tante elle-même, qui dans le temps où notre bon médecin rédigeait son manuscrit, était la plus belle nature qui nous fut connue dans notre petit monde. Depuis

Natalie s'est développée, et l'humanité se réjouit de l'avoir produite. »

Il allait continuer lorsque Frédéric s'élança dans la chambre en poussant un cri de joie. Quelle couronne j'ai méritée! s'écria-t-il! Comment pourrez-vous jamais me récompenser! Tressez le myrthe, le laurier, le lierre, les feuilles de chêne et ce que vous trouverez de plus frais. Il en faut pour couronner tant de mérite. « Natalie est à toi, Wilhelm, et je suis l'enchanteur qui te découvre le trésor. »

« Il rêve, dit Wilhelm; je sors. »

« De quel droit parles-tu? dit le baron, en retenant Wilhelm. »

« Par ma puissance, par ma vertu, dit Frédéric, et si vous le voulez, par la grâce de Dieu. J'étais auparavant éclaireur volontaire, et maintenant je suis ambassadeur; j'ai écouté à la porte, elle a fait sa confession à l'abbé. »

« Impudent, s'écria Lothario, qui te priait d'écouter? »

— « Et qui les priait de s'enfermer? »
— « J'ai très-bien écouté jusqu'au bout, Natalie était très-émue. Dans cette nuit de

douleur où ton enfant paraissait si malade et reposait sur ton sein, où tristement assis devant elle tu partageais avec elle ton précieux fardeau, elle fit le serment, si la mort l'enlevait, ton enfant chéri, de t'avouer son amour et de t'offrir sa main : il vit; pourquoi changerait-elle de sentiment? On doit à tout prix tenir sa parole. Maintenant que l'abbé vienne nous annoncer ses miracles. »

L'abbé entra dans la chambre. « Nous savons tout, cria Frédéric, vous ne venez que pour les formalités, nous n'avons pas autre chose à demander à leurs excellences. Venez les voir et jouir de leur bonheur. »

Lothario embrassa son ami et le conduisit chez sa sœur qui venait elle-même avec Thérèse; il se fit un moment de silence.

« Et bien, notre ami, dit Frédéric, en se tournant vers Wilhelm, quand nous fîmes connaissance et que je vous demandai votre joli bouquet, auriez-vous pensé qu'un jour vous dussiez recevoir de mes mains une si belle fleur? »

— « Ah! ne me rappelez point ces tristes souvenirs dans un pareil moment. »

— « Vous ne devez pas en rougir, pas plus qu'on ne doit rougir de sa naissance. Les temps étaient bons, et je ne puis te regarder sans rire; tu me représentes Saül, fils de Cis, qui sortit pour chercher les ânesses de son père et trouva un royaume. »

« Je ne connais pas le prix d'un royaume, répondit Wilhelm, mais je sens que je viens de trouver un bonheur que je ne méritais point, et que je préfère à toutes les c[ouronnes du monde]. »

FIN DU TOME QUATRIÈME ET DERNIER.

LIBRAIRIE DE J. LEFEVRE ET Cie,
Rue des Grands-Augustins, n. 18.

EXTRAIT du Catalogue.

ŒUVRES COMPLÈTES DE VOLTAIRE ET DE J. J. ROUSSEAU, 100 vol. grand in-18, d'environ 500 pages, à 1 franc 25 cent. le volume.

LETTRES D'UN FRÈRE A SA SOEUR SUR LA BOTANIQUE et la Physiologie des Plantes, dédiées à LL. AA. RR. Mesdemoiselles d'Orléans, Par Édouard RAISSON, 1 vol. in-8. 3 fr. 50 c.

Ce charmant ouvrage, dont tous les Journaux ont fait l'éloge le plus brillant et le plus juste, est le plus joli cadeau que l'on puisse faire à une jeune personne. La science s'y revêt de formes simples et attrayantes.

LA CHARTE DE L'ÉLIGIBLE ET DU DÉPUTÉ, par un ex-député, aujourd'hui pair de France. 1 beau vol. in-18, grand papier vélin. 4 fr.

La plus grande recommandation de cet ouvrage est le sommaire des chapitres qui le composent.

CODE DE LA CHASSE, Manuel complet du Chasseur, par Horace RAISSON, suivi du Code de la Pêche, par M. de C......y; 1 vol. in-18, avec une gravure de Couché fils. 3 fr. 50 c.

Ce Code est le complément de la jolie collection publiée par le même auteur.

Ouvrages de M. Léon Halevy.

LE CZAR DÉMÉTRIUS, tragédie en cinq actes et en vers, brochure in-8., ornée d'une lithographie. 4 fr. 50 c.

ODES D'HORACE, traduites en vers; deuxième édition; 1 vol. in-8. 6 fr. 50 c.

POÉSIES EUROPÉENNES, ou Études sur Alfieri, Schiller, Shakespeare, etc. 1 v. in-8. 6 fr. 50 c.

LE BILLARD, poëme en cinq chants, par feu M. B*****, dédié à Monseigneur l'évêque de Nancy, avec des notes historiques par H. Raisson, et les règles du jeu par M. Noal; 1 v. in-12. 3 fr. 50 c.

LETTRES D'UN FRÈRE A SA SOEUR sur l'histoire ancienne; par Ch. R******, 2 v. in-18. 6 fr.

SOUVENIRS D'UN VOYAGE EN ÉCOSSE, suivi du Touriste écossais ou Guide du voyageur en Écosse, par M. de Buzonnière, magistrat à la Cour Royale d'Orléans, 1 vol. in-8., orné d'une très-bonne carte de l'Ecosse, et de vignettes. 6 fr.

LA CHARTE DES MINISTRES, par l'auteur de la Charte de l'Eligible et du Député; 1 vol-in-18. 3 fr. 50 c.

CODE CULINAIRE, Manuel complet du Cuisinier, de la Cuisinière et de la Maîtresse de maison; par MM. E...., M..., D...., S...., H...., membres des principales sociétés mangeantes de la capitale; 1 vol. in-18. orné de gravures. 3 fr. 50 c.

CODE DES FRANCS-MAÇONS, contenant les lois, doctrines, morale, secrets, mystères, cérémonies de l'institution franche-maçonnique, manuel indispensable aux Francs-Maçons et aux Profanes; par M. Bazot, ancien vénérable officier et secrétaire du Grand-Orient de France. 1 vol. in-18, gravure. 3 fr. 50 c.

GUIDE DE LA MÉNAGÈRE, Manuel complet de la maîtresse de maison, contenant tout ce qu'il est nécessaire de savoir pour administrer sa fortune et conduire sa maison avec ordre, convenance et économie; par Madame Demarson; 2 vol. in-12. 8 fr.

Imprimerie de STAHL, Quai des Augustins, n° 9.

refusai rien ; tout ce que vous desirerez de moi, je promets de vous l'octroyer. »

— «Ce que je demande, Seigneur, c'est de vous accompagner en quelque lieu que vous portiez vos pas. Par la foi que je vous ai donnée, vous ne pouvez me refuser cette grâce.»

— «Ah! s'écria le comte, voilà la plus grande de toutes mes peines ; je regarderais ma perte comme un gain, si j'étais renversé seul.

» Mais vous envelopper dans ma ruine, est un malheur sans consolation. Pourtant, puisque vous

Sous presse,

Pour paraître le 15 Novembre.

TRADITIONS DU TEMS PASSÉ,

Collection de Romans allemands, traduits de
Jean-Wenta par feu l'Abbé de l'Écluse.

PREMIÈRE LIVRAISON.

ADOLF DE DASCHBURG,

3 vol. in-12, 15 f.

DEUXIÈME LIVRAISON.

Pour paraître le 15 Décembre.

SERMENS D'HOMME ET FIDÉLITÉ DE FEMME,

3 vol. in-12, 15 f.

www.ingramcontent.com/pod-product-compliance
Lightning Source LLC
Chambersburg PA
CBHW051910160426
43198CB00012B/1827